# 魂の政治家

沖縄県知事

# 翁長雄志発言録

ONAGA TAKESHI

琉球新報社 編著

高文研

# 翁《お》長《なが》雄《たけ》志《し》氏の足跡

名護市辺野古の新基地建設を巡る代執行訴訟の第1回口頭弁論の直前に開かれた集会で、参加者らに拍手で迎えられる翁長知事＝ 2015 年9月2日、那覇市楚辺の城岳公園

沖縄県知事選の告示日未明、「魂魄の塔」に手を合わせる翁長氏と樹子夫人（右端）。翁長氏は自身が初出馬した 2000 年 11 月の那覇市長選以降の4回の市長選と知事選の告示日には、参拝をかかさなかった。戦後沖縄の保守政治家の源流には平和への強い思いが宿っていた＝ 2014 年 10 月 30 日未明、糸満市米須（元琉球新報記者・国吉真太郎氏提供）

那覇市議選に初当選し、万歳する翁長雄志氏＝1985年7月15日、那覇市内

那覇市長選に初当選し、当選証書を受け取る翁長雄志氏（手前左）＝2000年11月、那覇市役所

県知事選で初当選を果たし、稲嶺進名護市長（当時、手前右）と握手する翁長雄志氏（同左）＝2014年11月、那覇市壺川の選挙事務所

2017 年の慰霊の日、沖縄全戦没者追悼式で献花に向かう安倍晋三首相（手前）を「怒りの視線」で見つめる翁長知事（中央左）ら＝ 2017 年6月 23 日、糸満市平和祈念公園（東京新聞提供、東京写真記者協会 2017 年度グランプリ受賞）

「土砂投入を許さない！ジュゴン・サンゴを守り、辺野古新基地建設断念を求める8・11 県民大会」。8月8日に亡くなった翁長知事のいすを用意、かぶる予定の帽子が置かれた＝ 2018 年8月 11 日、那覇市奥武山陸上競技場

# 「魂の政治家」悼む

4500 人の参列者が詰めかけた翁長雄志知事の告別式＝ 2018 年8月 13 日午後、那覇市松山の大典寺

翁長雄志知事の告別式で一般焼香する参列者

◆――はじめに

# 不世出の人物から未来への光を

琉球新報社編集局・編集局長　普久原　均

翁長雄志《おながたけし》という政治家は、沖縄にとって不世出の存在だった。そう感じられてならない。

その名が屋良朝苗《やらちょうびょう》、瀬長亀次郎《せながかめじろう》、西銘順治《にしめじゅんじ》、大田昌秀《まさひで》と並んで沖縄現代史に深く刻まれるのは間違いない。だがそこにとどまらず、沖縄近代史、琉球史に記される存在だったといっても大げさでないのではないか。

人口で1％、面積では0・6％にすぎない沖縄に対し、日本政府という巨大な存在が総力あげてその民意を踏みにじろうとする中、翁長氏はそのありさまを舌鋒《ぜっぽう》鋭く批判し、敢然と対決し続けた。我が身一つで政府と対峙し続けるその重圧たるや、想像を絶するすさまじさであったろう。まさにその結果として命を削ることになったというのは、その早すぎる死が証明している。

沖縄側の意思を蹂躙《じゅうりん》する存在に対し、体を張り、命を賭けて抵抗したという意味では、近世史初めの琉球王国高官・謝名《じゃな》親方《うぇーかた》を彷彿《ほうふつ》とさせるものがある。謝名は島津の琉球侵略に抗《あらが》い、島津に忠誠を誓う起請文への連判を拒んで処刑された人物だ。

翁長氏の歩みはそれと重なって見える。

翁長氏の死の直後、街頭インタビューで涙を浮かべてその死を悼む市民の映像がたびたび報じられた。政治家の死でそのようなニュース映像が流れたことはほとんどない。ウチナーンチュの多くがその死を、政府との対決による悲劇と受け止めたことの表れだろう。謝名親方との二重写しという比喩《ひゆ》は、あながち的外れではあるまい。


仲井真弘多《ひろかず》知事（当時）によるあの衝撃的な辺野古新基地埋め立て承認は、2013年末のことだった。翌14年の前半、筆者は那覇市長だった翁長氏と懇談する機会にたびたび恵まれた。翁長氏が非常に信頼する人物と翁長氏、筆者の3人だけで懇談する機会も数回あった。

そのころ自民党の要路にある人物や過去の大物、与党の支持団体幹部らが入れ替わり立ち替わり翁長氏と密かに面会していた。その際、「辺野古（新基地）さえ最終的に容認してくれるのであれば、（その年の秋に予定される）知事選では現職でなく君を支援する」と打診される場合もあったが、それぞれ断った。翁長氏はそう明かしていた。

当時、筆者は別の経路からもその情報を得ていて、人物名も趣旨も一致していたから、事実関係はまず間違いないはずである。

翁長氏が出馬した場合、与党は現職を全面支援するだろうが、それでも翁長氏当選が有力、というのが当時の見立てだった。与党と対決していてもそうである。まして与党が密かに翁長氏を支援するなら、百パーセント確実な当選切符を手にするようなものだ。それをことごとく拒絶したのである。

辺野古新基地を拒否する翁長氏の意思に、私心はみじんもなかったと言ってよい。

翁長氏の知事としての最後の晴れ舞台は、辺野古埋め立て承認に対する撤回を表明する記者会見だった。膵臓《すいぞう》がんを患う病人とは思えないほど毅然とした発言をする映像を覚えている人は多いだろう。だがその陰で彼は、会見場に向かうわずかな廊下すら一気に歩き通すことができず、途中で立ち止まって休まざるを得ないほど重い病状だった。その死のぎりぎりまで、沖縄の民意を踏みにじる政府を批判し、沖縄の抵抗の正当性を主張したのである。

その翁長氏の発言の数々を、あらためて深く受け止めたい。

それは、時にくじけそうになる沖縄の人々を鼓舞《こぶ》し続けるはずであり、その未来を照らす光になる。ひいては、この国が民意や人道を重んじる、世界に恥じない国となる道へも導く。この発言録を出版するのはそんな思いからだ。

読者諸賢がこの書から多くの示唆《しさ》を得ていただければ幸いである。

◆——もくじ

装丁＝商業デザインセンター・増田　絵里

**【編集：注】**

◆本書は琉球新報紙上に収録された翁長雄志氏の発言と、それに付属する記事から構成しました。

◆本書（記事中）の在日米軍専用施設面積のうち、沖縄にある基地の面積割合は、２０１６年12月22日に米軍北部訓練場のおよそ半分（約４０１０ヘクタール）が返還されたことなどにより、74・５％から70・３％（18年8月末時点）になっていますが、発言・執筆時期により数字が混在しています。

◆登場人物の年齢、肩書きなどは、原則として新聞掲載当時のものです。

## ◆翁長雄志氏の歩み

1950　10月　那覇市大道で生まれる。

1975　3月　法政大学を卒業し、会社役員を経て85年に自民党公認で那覇市議に初当選（2期）。92年から県議2期を務め、97年に自民党県連幹事長を歴任。

2000　11月　無所属で那覇市長に初当選。

2007　9月「教科書検定意見撤回を求める県民大会」で那覇市実行委員会会長。

2010　4月　普天間飛行場国外・県外移設を求める県民大会の共同代表。

2012　9月　オスプレイ配備に反対する県民大会で共同代表。

2013　1月　オスプレイ配備撤回を求める東京行動で41全市町村長のまとめ役となり、安倍首相に「建白書」を提出する。長く県内保守政界のリーダーとして活躍してきた。

2014　10月　県知事選挙に立候補のため、那覇市長を辞職（4期14年）。

11月　仲井真弘多知事（当時）に約10万票の差をつけて、県知事選初当選。7代目知事に就任。

2015　5月　米軍普天間飛行場の辺野古移設断念を求め、知事就任後初の訪米要請行動。

9月　国連人権理事会総会の演説で、基地問題を「人権問題」として沖縄の加重負担を訴える。

10月　名護市辺野古新基地建設計画を巡る埋め立て承認を取り消して、国と法廷闘争へ。

2018　5月　ステージ2の膵臓がんであることを公表。

7月　辺野古埋め立て承認の撤回に向けた手続きの開始を表明。

8月　逝去。享年67。

---

翁長雄志氏の父助静氏は教員出身。沖縄戦で焦土と化した糸満市摩文仁に集められた真和志村民に呼びかけ、野ざらしの遺骨を収める沖縄県民の塔「魂魄の塔」を建立した中心人物だった。雄志氏も幼いころ、父に連れられ、手を合わせた。父の助静氏は真和志市長、兄の助裕氏は西銘県政で副知事を務めた。保守政治家の一家に生まれ育ち、子どものころから選挙ポスター張りなども手伝った。座右の銘は「人生は、重荷を負うて遠き道を行くがごとし」「身を捨ててこそ、浮かぶ瀬もあれ」

評伝
翁長知事

# 沖縄の自己決定権求めて

【2018年8月9日 朝刊】

辺野古新基地建設の阻止に命を懸け、「殉職」した。新基地建設を強行する安倍政権と対峙《たいじ》したのは、ウチナーンチュの自己決定権と民主主義を求める強い意思からだった。

知事初当選後、4カ月以上たってようやく安倍晋三首相との面談が実現した際、記者として立ち会った。報道陣に公開された冒頭、翁長知事は畳みかけるように県民の思いをぶつけた。

「世界一危険だから沖縄が負担しろ、こんな理不尽なことはない」

政権への痛烈な批判に、官邸側は慌てて知事の発言を遮り、報道陣を退席させた。追い立てられ部屋を出される間際、振り返ると知事がなおも話し続けていた。その怒りのこもった目が忘れられない。

政治家としての前半生は〝自民党本流〟であり、沖縄の保守政治を牽引した。

13　知事就任後、菅義偉官房長官と初の会談消費税導入の逆風が吹いた1989年の那覇市議選では、無所属を選ぶ議員が相次ぐ中、あえて自民党公認候補となり、2期目の当選を果たした。

1998年の知事選では大田昌秀県政の与党だった公明党を、稲嶺恵一氏への選挙協力に導いて自公態勢を構築した。県議で自民県連幹事長だった99年当時、辺野古移設に関しては、今とは正反対の移設推進派だった。

その自民党と距離を置き始めたきっかけは、2007年の教科書検定問題だった。高校歴史教科書で沖縄の「集団自決」（強制集団死）の「日本軍に強いられた」などの文言を削除・修正する検定意見が出た時、検定意見撤回を求める県民大会の実行委員会に加わった。「ウチナーの先祖があれほどつらい目に遭った歴史の事実が無かったことにされるのか」と憤った。

2010年の仲井真弘多知事の2期目の選挙では、当初断っていた選対本部長を務めた。渋る仲井真氏を説得し、普天間飛行場の「県外移設」を公約に掲げさせた。応援演説で「県民の心を一つに」と何度も呼びかけた。4年後には自身のスローガンとなり、オール沖縄のシンボルとして沖縄の民意を背負った。

２０１８年５月25日、琉球新報の新社屋落成式典でお会いし、病状を聞いたのが最後だった。首筋が痛々しいほど細く、しかし眼光は炯々《けいけい》として強かった。

知事選に当選した時、妻・樹子《みきこ》さんと「万策尽きたら辺野古のゲート前に夫婦で座り込む」と約束したという（84ページ参照）。日本という先進国で、公正な選挙で選ばれた地域のリーダーが、地域の海をどうするかを巡って座り込み、それを本土から来た機動隊員が排除する。その光景が現実になった時、日本は民主主義の国と言えるだろうか。

知事は沖縄の自治権、民主主義を繰り返し問うた。

政治家の息子として生まれ、「基地を巡ってウチナーンチュ同士がいがみ合うさまを見せつけられた」とよく語っていた。「それを高見で笑っているのは誰か」と付け加えるのが常だった。それへの憤りが国との対峙《たいじ》を支えたのだろう。

「僕は政府に怒っている姿しか報じられないけど、酒を飲んだら僕ほど楽しい人はいないよ」と茶目っ気のある表情を見せた。繰り返した「子や孫へ誇りある沖縄」が実現した時は、大好きな泡盛で乾杯をしてほしい。

琉球新報者編集局・経済部長　**島　洋子**

（1）総合 1版 （1968年2月2日第3種郵便物認可）
（日刊）





■ニュース・情報提供 098-865-5158
■広告のお申し込み 0120-43-5059
■購読・配達の問い合わせ 0120-39-5069
■本社事業案内 098-865-5253
■読者相談室 098-865-5656

琉球新報
THE RYUKYU SHIMPO 第39349号
2018年（平成30年）8月9日木曜日 ［旧6月28日・先負］
発行所 琉球新報社 ©琉球新報社2018年
〒900-8525 那覇市泉崎1-10-3 電話:098-865-5111

# 翁長知事 死去

## 67歳 膵臓がん闘病
## 基地軽減訴え国と対峙

膵臓がんの闘病を続けていた翁長雄志知事が8日午後6時43分、入院先の浦添総合病院で死去した。67歳。4月にがんの切除手術を受け、転移や再発を防ぐための抗がん剤治療などを受けていた。7月30日から再入院していたが、7日から体調が急速に悪化したという。8日に意識が混濁状態となり、夜に死去した。県の説明によると、がんは肝臓に転移していた。翁長知事は歴代知事の中でも高い県民支持率を背景に、米軍普天間飛行場の名護市辺野古移設を推し進める政府と対峙し、沖縄の過重な基地負担の軽減を訴えていた。翁長知事の任期満了に伴う知事選は11月18日に投開票が予定されていたが、前倒しとなる。告別式の日程は9日以降に決める。

2、3、5、6、7、30、31、32面に関連

## 保革超え「オール沖縄」

知事が意識混濁状態となった8日に謝花喜一郎副知事が職務代理者となった。帰沖する富川盛武副知事が13日以降は、海外出張から職務代理を務める。

翁長知事は辺野古埋め立て承認の撤回を表明した7月27日の記者会見を最後に登庁せず、公の場に姿を見せていなかった。7月30日から浦添総合病院に緊急入院していた。

翁長知事は「県政運営の柱」としてきた辺野古新基地建設阻止に向け、仲井真弘多前知事による公有水面埋め立ての承認を撤回する手続きに入っていたが、任期途中の死去で撤回の実施も不透明となる。

現職知事の死去は復帰後初めて。県議会与党会派は知事選に翁長氏を擁立することを前提に準備を進めていたため、早急な候補者選び直しを迫られる。8日夜、与党会派は緊急で代表者会議を開いた。

翁長知事は今年に入り、辺野古新基地建設阻止を訴える訪米行動や、天皇、皇后両陛下の沖縄訪問時の同行など重要な公務が続いていた中で、体重の減少など体調面の不調が見られていた。4月に受診した人間ドックで再検査が指示され、精密検査の結果、膵臓がんが見つかった。5月15日の退院会見では、がんを取り除く手術を実施したと発表し、転移や再発を抑える化学療法を続けながら少しずつ公務を増やし、本格的な公務復帰を目指すと説明していた。

体調が不安視されながらも県議会6月定例会にも出席し、6月23日には県主催の沖縄全戦没者追悼式典で平和宣言を読み上げた。

7月27日には県庁で記者会見を開き、辺野古埋め立て承認を撤回する方針を表明した。こうした姿勢から、2期目出馬に意欲的だとの見方もあった。

ただ7月下旬の全国知事会議、8月初旬の国連要請には自らが赴くことで公務に日程を入れていたが、医師との相談により、長距離移動による負担を避けることや治療を優先する方針から、直前になり県外出張を取りやめていた。

翁長氏は2014年11月の第12回県知事選で、36万820票を獲得して初当選した。辺野古移設反対の世論を背景に保革を超えた「オール沖縄」の枠組みを構築し、当時現職の仲井真氏に9万9744票差をつけた。

翁長氏は1950年10月、那覇市大道に生まれ、那覇高校、法政大を卒業した。元副知事の兄の故・助裕氏の秘書、会社役員を経て85年に那覇市議に初当選した。92年から県議を2期務めた。97年に自民党県連幹事長に就任し3年務めた。2000年、那覇市長に初当選し、4期14年務めた。市長を退任後、14年11月の知事選に出馬し、初当選した。父は元真和志市長の故・助静氏で、影響を受けた。

辺野古埋め立て承認の撤回方針を表明する翁長雄志知事＝7月27日、県庁

## 知事選、来月末が有力

総務省によると公職選挙法の規定により、知事が欠けた日から5日以内に職務を代理する者から県選挙管理委員会に通知することが定められ、県選管は通知を受け取ってから50日以内に選挙を行わなければならない。翁長雄志知事の死去について、職務代理者の謝花喜一郎副知事が9日以降、県選管に通知を行い、県選管が知事選の期日を決定する。9月末までには知事選が行われる見通し。告示は少なくとも17日前までに行うという規定もあり、通常通り投開票が日曜日の場合、9月30日が投票日なら13日までに告示、23日が投票日なら6日までに告示する必要がある。

翁長知事の死去の知らせを受け、県議会与党は8日夜、県議会で緊急代表者会議を開いた。会合終了後、記者団の取材に応じた社民・社大・結の照屋大河会派長は、翁長知事の後継となる候補者の人選について「急な報告、事態だったために、家族の気持ちに寄り添いながら、この事態を受け止めていきたいと与党メンバーで話し合った。人選についての協議はなかった」と述べるにとどめた。

今後の対応については「会派の代表者らと今後緊密に話を進めながら、対応していく」と語り、早期に人選作業に着手する考えを示した。翁長氏最大の公約である辺野古新基地建設阻止については「これまで以上に与党として行政と協力しながら知事の信念を引き継ぐ」と決意を示した。

## 県、きょう聴聞実施
### 承認撤回 知事「しっかり頼む」

翁長雄志知事の死去を受け、謝花喜一郎副知事と池田竹州知事公室長は8日夜、入院先の病院で、知事の遺体を乗せた車の前で記者会見した。生前の翁長知事に最後に会ったのは8月4日だったと説明した謝花氏は、その際に知事から辺野古新基地建設問題への対応について「しっかり頼む」「埋め立て承認撤回はしっかり自分でやりたい」などの声を掛けられたと明らかにした。翁長知事が7月に表明した名護市辺野古の埋め立て承認の撤回に向け、9日に実施する沖縄防衛局への「聴聞」は予定通り実施すると説明した。謝花氏によると、翁長知事の直接の死因は膵臓がんだが、他に多発肝転移の病理があったことを明らかにした。謝花氏は「県民の皆さまのご理解とご支援をお願い申し上げ、回復を望んでいたが、このような結果になり残念で仕方ない」と目を赤くしてうつむいた。

翁長知事の遺体は8日夜に那覇市の自宅に戻った。

謝花副知事は県民葬を開催するかとの問いには「富川盛武副知事、新里米吉県議長、県議会と相談したい」と答えた。

死去した翁長知事の表情について謝花氏は「安らかだった」と短く答えた。

知事の職務代理者を務める謝花副知事は、知事選の実施に向けて5日以内に県選挙管理委員会に知事の死去を届ける必要がある。その日程について謝花氏は「状況も見ながら検討したい」と説明した。

翁長雄志知事の死去を受け、取材に応じる謝花喜一郎副知事＝8日午後10時17分、浦添市の浦添総合病院

## 夏の甲子園100回大会
## 興南、きょう初戦

【甲子園取材班】第100回全国高校野球選手権大会第5日となる9日、第4試合で初戦を迎え、茨城県代表の土浦日大と対戦する。興南は2年連続12回目の出場で、土浦日大は2年連続4回目の出場。

興南は藤木琉悠（3年）と宮城大弥（2年）の両左腕を中心としたチームで、派手さはないが相手の強みを封じる投守で勝利をつかんできた。

一方、土浦日大は打撃のチームで、投手以外の先発が打率3割以上を誇る攻撃的打線が特徴だ。興南の「盾」と土浦日大の「矛」の戦いは先取点を取った方が主導権を握りそうだ。興南の我喜屋優監督は「1点ずつ積み重ねる」展開を描き、土浦日大の小菅勲監督は「がっぷり四つを組めば勝機がある」と意気込んでいる。

（25面に関連）

**天気は3面、テレビは20面に移しました**

翁長知事死去を報じる特別編成紙面のため、生活面とりゅうちゃんクイズは休みました。テレビ面は20面に、金口木舌と天気は3面に移しました。



購読のお申し込み 0120-39-5069
琉球ニュースや動画はホームページで！
ryukyushimpo.jp

# 教科書検定意見撤回を求める
# 沖縄県民大会

【2007 年 9 月 29 日】

「集団自決」が日本軍の関与なしに起こり得なかったのは
紛れもない事実で、生き証人の証言は生きた教科書だ。

県民大会に集った 11 万人の参加者＝ 2007 年9月 29 日午後4時ごろ、宜野湾海浜公園

# 11万6千人結集、検定意見撤回要求
# 「軍強制記述回復」を決議　「集団自決」歪曲に抗議

【2007年9月30日 朝刊】

文部科学省の高校歴史教科書検定で沖縄戦における「集団自決」（強制集団死）の日本軍強制の記述が削除・修正された問題で、9月29日午後3時から宜野湾市の宜野湾海浜公園で開催された「教科書検定意見撤回を求める県民大会」（同実行委員会主催）には11万人が参加、宮古、八重山の郡民大会も含めると、県内外から11万6千人（主催者発表）が結集した。1995年10月21日の米兵による少女乱暴事件に抗議する県民大会（宮古、八重山を含め九万人）を上回る復帰後最大の抗議集会となった。

検定意見撤回と記述回復を求める決議を満場一致で採択。県民の声を追い風に、実行委員会は10月15日に上京し、福田康夫首相や渡海紀三朗文科相らに要請する意向。

仲井真弘多知事は国への要請行動に参加する方向で、週明けに日程調整に入る。

宮古、八重山大会参加の5市町村長を除く全36市町村長が大会に参加。舞台では市町村長のほか、県選出・出身国会議員、県議、市町村議会議長らが並んで座った。

諸見里宏美県ＰＴＡ連合会長の「県民へのアピール」に続き、仲里利信大会実行委員長（県議会議長）、仲井真知事があいさつ。

仲井真知事は「『集団自決』の日本軍の関与については、当時の教育を含む時代状況の総合的な背景や手りゅう弾が配られるなどの証言から覆い隠すことのできない事実である」と強調。県民の要請を受け入れない文科省を「極めて遺憾」と批判し、「県民を代表する者として、今回の文科省の検定意見に対して強く抗議し、遺憾の意を表明するとともに、検定意見が速やかに撤回され、記述の復活がなされることを強く要望する」と訴えた。

その後、中山勲県教育委員長や高校生、女性、各団体、青年代表があいさつした。渡嘉敷島の「集団自決」の生き残りの吉川嘉勝渡嘉敷村教育委員長、座間味島の「集団自決」証言者の宮平春子さん（代読）が発言した。各大会とも最後は、検定意見撤回を目指し、11万6千人がガンバロー三唱で締めくくった。

大会後の記者会見で仲里実行委員長は「県民の10人にひとりが参加したことになる。国にとっても看過できない数字だ。これをもとに力強く検定意見の撤回を目指して頑張っていきたい」と大会成功を確認した。

県民大会は実行委員会構成団体の22団体と、共催団体の２４７団体が開催した。

【翁長沖縄県市長会長　発言】

# 正しい歴史認識が未来への道しるべ

２００８年度から使用される高校歴史教科書の沖縄戦における「集団自決」の記述について、日本軍による命令、強制、誘導などの表現が削除、修正されていることは、悲惨な戦争体験を有する県民にとって極めて遺憾で到底容認できるものではない。

沖縄戦の「集団自決」が日本軍の関与なしに起こり得なかったのは紛れもない事実で、生き証人の証言は生きた教科書だ。

文部科学省のかたくなな姿勢を転換させることができなければ後世に大きな禍根を残すことになる。今こそ、国は県民の平和を希求する思いに対し、正しい過去の歴史認識こそが未来の道しるべになることを知るべきだ。

沖縄戦の実相を正しく後世に伝え、子どもたちが平和な国家や社会の形成者として育つためにも、県民一丸となって強力な運動を展開しよう。

# オスプレイ配備反対
# 沖縄県民大会

【2012 年 9 月 9 日】

基地の整理縮小という一点で県民の心が一つにまとまった。誇りあるウチナーンチュとしての存在価値に裏打ちされた揺るぎない信念となっている。

オスプレイ配備に反対し、「NO！」のプラカードを掲げる県民大会の参加者ら＝ 2012 年9月9日午後0時3分、宜野湾海浜公園

# オスプレイ拒否　10万3千人結集
# 最大規模の県民大会　強固な意思発信

【2012年9月10日 朝刊】

墜落事故が相次ぐ米海兵隊の垂直離着陸輸送機MV22オスプレイの県内配備計画の撤回を求める「オスプレイ配備に反対する県民大会」（同実行委員会主催）が、9月9日午前11時から宜野湾市の宜野湾海浜公園で約10万1千人（主催者発表）が参加して開かれた。八重山、宮古の地区大会を合わせ約10万3千人が結集。米軍基地問題で抗議の意思を示す県民大会として復帰後最大となり、配備を拒む強固な民意を示した。オスプレイ配備計画の撤回と米軍普天間飛行場の閉鎖・撤去を強く要求する決議を採択した。

党派を超えた民意を背に、実行委員会は12日に上京し、野田佳彦首相や森本敏防衛相ら政府関係者や、各政党に配備撤回を求める。10月初旬には訪米要請行動を取る。

八重山と宮古の地区大会に参加した5市町村長を除く全36市町村長や代理が大会に参加。壇上には県議、県選出・出身国会議員や市町村議会議長らが並んだ。

大会では5人の共同代表があいさつ。県議会を代表して喜納昌春県議会議長は、「オスプレイは、今年も墜落事故を起こしており、まさに構造的な欠陥機と言わざるを得ない」と批判。市町村長をまとめた翁長雄志県市長会会長は、「頻発する事故を受けて、住民の頭上をオスプレイが飛行するのは到底認められない」と訴えた。

オスプレイが配備される予定の普天間飛行場を抱える宜野湾市の佐喜真淳市長は、「市民のさらなる基地負担につながり、安全性の担保のないオスプレイを普天間に配備する計画を決して認めることはできない」と述べ、断固として配備に反対する決意を示した。

仲井真弘多知事のメッセージが紹介されたが、欠席した知事への怒号が飛び、一時騒然となった。

実行委の玉城義和事務局長は、オスプレイの運用で影響を受ける全国の自治体に大会決議の採択を要請することや、毎週末の普天間飛行場ゲート前での抗議集会、署名活動など今後の運動を提起。城間俊安県町村会会長のガンバロー三唱で締めくくった。

県民大会は実行委構成団体の31団体と、153団体が共催した。参加者は県内配備を推進する日米両政府に「レッドカード」を突き付けるため、シンボルカラーである「赤」の衣服や小物を身に着けて、会場を赤く染めた。

【翁長沖縄県市長会会長　発言】

# オスプレイ強行配備は認められず

住民の安心・安全を何よりも大切に考える自治体の首長として、住民の頭上をオスプレイが飛行することなど、到底認められない。

知事や各首長、各議会、県選出国会議員全ての反対を押し切って強行配備をしようとする日米両政府のやり方は、戦後の銃剣とブルドーザーで土地を強制接収したのと、何ら変わらない構図で今日まで継続している。

今まで、沖縄は基地か経済かという県民同士の白黒闘争を余儀なくされてきた。基地の整理縮小という一点で県民の心が一つにまとまった。誇りあるウチナーンチュとしての存在価値に裏打ちされた揺るぎない信念となっている。

森本敏防衛相は著書で、オスプレイ配備を2年前に確定的に予言した。普天間の固定化で圧力をかけ、辺野古代替基地建設を迫るものだ。２年前の県民大会の県民意思も押しつぶし、本日の大会もはなから一顧だにしない確信的な記述だ。

国民の安全を守る日米安保体制を担保するため、沖縄だけが危険と隣り合わせる状況は、民主主義国家としての日本の品位という意味でいかがなものか。

沖縄は戦前、戦中、戦後、十分すぎるほど国に尽くしてきた。

もう勘弁してと心から国民に訴えたい。

オスプレイ配備に反対する県民大会であいさつする翁長那覇市長＝ 2012 年9月9日、宜野湾市海浜公園多目的広場

オスプレイ配備反対の東京行進団（手前）に対して、日の丸旗などを掲げて罵声を浴びせる人々（奥）＝ 2013 年1月 27 日午後4時 20 分、東京都中央区銀座の数寄屋橋

# オスプレイ配備撤回
# 東京要請行動

【2013 年 1 月 27 日】

安倍首相は「日本を取り戻す」というが、沖縄に今まで通り安全保障を押し付けて、日本を取り戻すことはできない。日米安保体制は日本国民全体で考えるべきだ。

オスプレイ撤回を訴え行進する参加者。前列左から3人目が翁長雄志県市長会会長＝ 2013 年1月 27 日午後、東京都中央区銀座

# オスプレイ「配備撤回を」全41市町村長ら訴え
# 東京集会に4千人　最大規模の東京行動

【2013年1月28日 朝刊】

【東京】米軍普天間飛行場への垂直離着陸輸送機MV22オスプレイの配備撤回を求め、県内全41市町村長と議長（代理含む）、県民大会実行委員会の代表者らは1月27日、上京し、東京都の日比谷野外音楽堂で集会を開いた。集会には約4千人（主催者発表）が参加。参加者らは「沖縄の痛みを分かち合ってほしい」「日米安保体制は日本国民全体で考えるべきだ」などと訴えた。沖縄の本土復帰後、最大規模の東京行動となった。

市町村長らは28日、小野寺五典防衛相や岸田文雄外相ら関係閣僚や各政党に、配備撤回や普天間飛行場の県内移設断念を求める「建白書」を手渡す。

集会は主催者を代表して喜納昌春共同代表（県議会議長）があいさつし、翁長雄志県市長会長、城間俊安県町村会長、永山盛廣市議会議長会長、中村勝町村議会議長会長らが登壇した。

喜納共同代表は「（配備は）米軍基地機能強化を一層、押し付けるもので、県民、子どもたちを危険にさらすものだ」と指摘した。

翁長会長は、強行配備で県民の怒りは頂点に達していると報告。安倍晋三首相が昨年の衆院選で訴えた「日本を取り戻す」というキャッチフレーズを引用し、「沖縄に今まで通り安全保障を押し付けて、日本を取り戻すことはできない。日米安保体制は日本国民全体で考えるべきだ」と訴えた。

城間会長は「日本国民は県民の痛みを分かち合ってほしい」と訴えた。永山会長は「沖縄の平和と安全を守ってほしい」とし、中村会長は「日米合意を守らず訓練を行っている。一日も早く撤去してほしい」と求めた。

共同代表の仲村信正連合沖縄会長のガンバロー三唱で締めくくった。

集会には沖縄からの要請団のほか、本土在住者でつくる各地の県人会や、学生、一般在住者、市民団体のメンバーらが、配備に反対するのぼりやプラカードなどを掲げて参加。琉球新報社は特別版の特集を配布した。

集会後、参加者は銀座など約2キロを行進し、配備反対を訴えた。

【翁長沖縄県市長会会長　発言】

# オスプレイ強行配備は認められず

首都東京に沖縄の総意が結集した。

沖縄県民は目覚めた。もう元には戻らない。

沖縄は日本の独立と引き換えに約27年間、米国の施政権下に差し出された。米軍との自治権獲得競争は想像を絶した。その間、日本国は自分の力で平和を維持したかのごとく高度経済成長を謳歌《おうか》してきた。

復帰してもその構図は変わらず、0・6％の面積に74％の米軍専用施設を押し付けられ、基本的人権は踏みにじられた。欠陥機オスプレイの強行配備に怒りは頂点に達している。

沖縄県民の意識は大きく変わった。基地を挟んで保革がいがみ合うのではなく、オール沖縄で基地の整理縮小を強く訴えている。

県民は基地で飯を食っているわけではない。ほとんどの国民の大きな誤解だ。（基地経済は）ＧＤＰの５％だ。

基地は経済発展の最大の阻害要因だ。

沖縄に日米同盟、安全保障のほとんどを押し付けているが、大きな事件事故が発生したら、それは吹っ飛ぶ。今は偶然という砂上の楼閣《ろうかく》に日々いると言っても過言ではない。

日米安保体制は国民全体で考えてほしい。

オスプレイ配備撤回を求める東京集会であいさつする翁長沖縄県市長会会長＝2013年1月27日、東京都千代田区の日比谷野外音楽堂

（第3種郵便物認可）

（日刊）

# 琉球新報

THE RYUKYU SHIMPO

第37375号

2013年（平成25年）
1月29日 火曜日
[旧12月18日・大安]

発行所 琉球新報社
〒900－8525那覇市天久905番地
電話 098(865)5111

ニュースや情報提供 098(865)5158
広告のお申し込み (0120)415059
購読・配達の問い合わせ (0120)395069
本社事業案内 098(865)5256
読者相談室 098(865)5656



# 首相に建白書手交

## オスプレイ撤回東京行動

### 首相「思うところがある」
### 県内首長「負担軽減に誠意を」

安倍晋三首相（右）に対し建白書を手に要請を行う実行委共同代表の翁長雄志那覇市長＝28日午前、首相官邸（同実行委提供）

【東京】オスプレイ配備に反対する県民大会実行委員会の代表と県内市町村長らは28日、首相官邸を訪れ、配備撤回と米軍普天間飛行場の県内移設断念を求める「建白書」（要請書）を安倍晋三首相に手渡した。官邸を訪れたのは、那覇市の翁長雄志市長や名護市の稲嶺進市長ら約30人。翁長市長によると、全41市町村長や議会議長らの署名が入った「建白書」を受け取った安倍首相は「私も思うところがある。（沖縄の）意見に耳を傾けながら、これからも基地負担軽減を含め、頑張っていきたい」と述べるにとどめたという。（2、3、9、34、35面に関連）

要請団は県議会がオスプレイ配備反対や、普天間飛行場の県外移設を求める決議を可決していることや、全市町村が要請に参加していることなどを伝え、基地問題の打開を求めた。首相から、オスプレイや普天間飛行場の県外移設について具体的な言及はなかった。

翁長市長は安倍首相との面談後、記者団に「首相が忙しい中、時間を割いて会ってもらえた意義は大きい」と評価。その上で「政府は沖縄の基地負担軽減について全力でやれるように誠意を見せてほしい」と強調した。官邸での要請には菅義偉官房長官も同席した。

41市町村の首長や議長らは5グループに分かれ、官邸のほか、外務、防衛両省、内閣府、米国大使館を訪問した。

建白書では、開発段階から事故を繰り返すオスプレイを配備することは「県民に対する『差別』以外の何ものでもない」と指摘した。さらに本土復帰40年目を迎えても米軍は占領地のごとく振る舞っていると し、「国民主権、国家の在り方が問われている」と強調した。

建白書に同意する全41市町村長と市長会、町村会、市議会議長会、町村議会議長会、県議会各会派、オスプレイ配備に反対する県民大会共同代表などが署名、押印した紙も添えられた。

## 副知事に高良、川上氏
### 2月議会 議案提出

高良倉吉氏

川上好久氏

仲井真弘多知事は28日までに、副知事に琉球大学教授の高良倉吉氏(65)と県総務部長の川上好久氏(58)を起用する意向を固めた。2月下旬開会予定の県議会2月定例会に議案を提出する見通し。上原良幸副知事は任期3年で、与世田兼稔副知事は2年で退任する。

仲井真知事は2期目の任期が残り2年を切る中、自身の1期目からブレーンを務め、自民党や官僚ともパイプを持つ高良氏、一括交付金を含めた新たな沖縄振興法の成立に事務方として尽力した川上氏の起用を固めたとみられる。（島洋子）

## 「普天間移設で負担軽減」
### 首相所信表明 振興策に触れず

【東京】安倍晋三首相は28日、衆議院本会議で行った所信表明演説で「普天間飛行場の移設を始めとする沖縄の負担の軽減に全力で取り組む」との意向を表明した。その上で「2月第3週に予定される日米首脳会談において、緊密な日米同盟の復活を内外に示していく決意だ」とし、日米同盟をいっそう強化していく考えを示した。そのほか、沖縄振興なども含め、沖縄関連の発言はなかった。

（11、34面に関連）

安倍首相は「外交・安全保障」をテーマにした部分で、「外交・安全保障についても、抜本的な立て直しが急務だ」と指摘。「その基軸となる日米同盟をいっそう強化して、日米の絆を取り戻さなければならない」とした。

尖閣も含めた領土問題については「国境離島の適切な振興・管理、警戒警備の強化に万全を尽くし、この内閣の下では、国民の生命・財産と領土・領海・領空は、断固として守り抜いていくことをここに宣言する」とし、民主政権との違いを強調した。日米地位協定の改定や垂直離着陸輸送機MV22オスプレイの配備反対に対する要望についての言及はなかった。

## 経済再生を強調

第183通常国会が28日召集され、安倍晋三首相は衆参両院の本会議で2度目の就任後初となる所信表明演説を行った。デフレ脱却による経済再生を最大、喫緊の課題と位置付け、日銀との緊密な連携で「強い経済を取り戻す」との決意を示した。東日本大震災からの復興は必ず加速させると約束。日本人10人が犠牲になったアルジェリア人質事

## 歴史教科書検定基準

文化に誇りを持てる内容の教科書で学べるよう、検定基準を改善する」と明記していた。下村博文文科相は

### 天気 旧12月18日・大安

| 地域 | 6時–12 | 12–18 | 18–24 | 風向 | 風速 | 波高 |
|---|---|---|---|---|---|---|
| 北部 19/10 | 10 | 30 | 50 | 東 | 7 | 1.5→1 |
| 中南部 20/12 | 10 | 30 | 50 | 東 | 7 | 1.5→1 |
| 久米島 19/11 | 10 | 30 | 50 | 東 | 7 | 1.5→1 |
| 大東島 20/11 | 10 | 10 | 10 | 北東→東 | 10 | 3→1.5 |
| 宮古島 21/16 | 20 | 20 | 40 | 東→南 | 8 | 2→1.5 |
| 石垣島 22/16 | 10 | 20 | 30 | 東→北西 | 8 | 2→1.5 |
| 与那国島 21/16 | 20 | 30 | 20 | 東→北西 | 9 | 2→1.5 |

◇海上風警報＝沖縄南方海上◇波浪・乾燥注意報＝大東島地方◇乾燥注意報＝本島地方、八重山地方【概況】本島地方は気圧の谷が近づくため、次第に雲が多くなり、夜は雨が降る。先島地方も雲が広がりやすい。大東島地方は高気圧に覆われ、一日晴れる。（日本気象協会28日18時発表）

天気マーク下の数字は降水確率



### 金口木舌

東京の人の目はどう映ったの
ろうか。県内全
町村の代表らに
るオスプレイの
備撤回を求める
京行動のことだ
1972年の日本復帰か
41年。今なお基地重圧の苦
みを訴えざるを得ない現
は悲しい▼「何のかんば
(顔)あって相まみえんや
後の県知事で、61年当時立
院議員だった平良幸市氏は
米国の招待で沖縄を訪問
た国会議員団の主体性を
問視し非難した。95年には
田昌秀知事(当時)が村山
市首相の軍用地強制使用
強硬策に抗議し「沖縄は日
ですか」と問うた▼屋良
苗氏は68年、初の公選主
就任にあたり「沖縄問題
祖国全国民の問題であり
全国民が自分の問題とし
考えていくよう強く訴え
いきたい」と訴えた。その
い掛けは今日においても
効性を失っていない▼歴
は繰り返されている。東
集会で翁長雄志那覇市長
「沖縄が日本に甘えてい
のか、日本が沖縄に甘え
いるのか」と批判した。要
に閣僚の明確な答えはな
県内配備は変えないとの
勢がにじむ。誠意なき対
も繰り返される▼沖縄の
を受け止めぬまま「安全

### りゅうちゃんクイズ 713 南部《なんぶ》・離島編《りとうへん》

南城市《なんじょうし》では、1月《がつ》31日《にち》からサッカーJリーグのあるチームがキャンプを予定《よてい》しているよ。そのチームはどこかな？

①FC東京《とうきょう》 ②横浜《よこはま》FC
③ジェフ・ユナイテッド市原《いちはら》・千葉《ちば》

★こたえはどこかのページにあるよ、さがしてね★

# 公開討論会
# 4・28 沖縄から「主権」を問う

【2013年4月25日】

4月28日はまさしく「屈辱の日」だ。安倍首相はこの日に沖縄の問題が横たわっていることが、頭の片隅にもなかったのではないか。

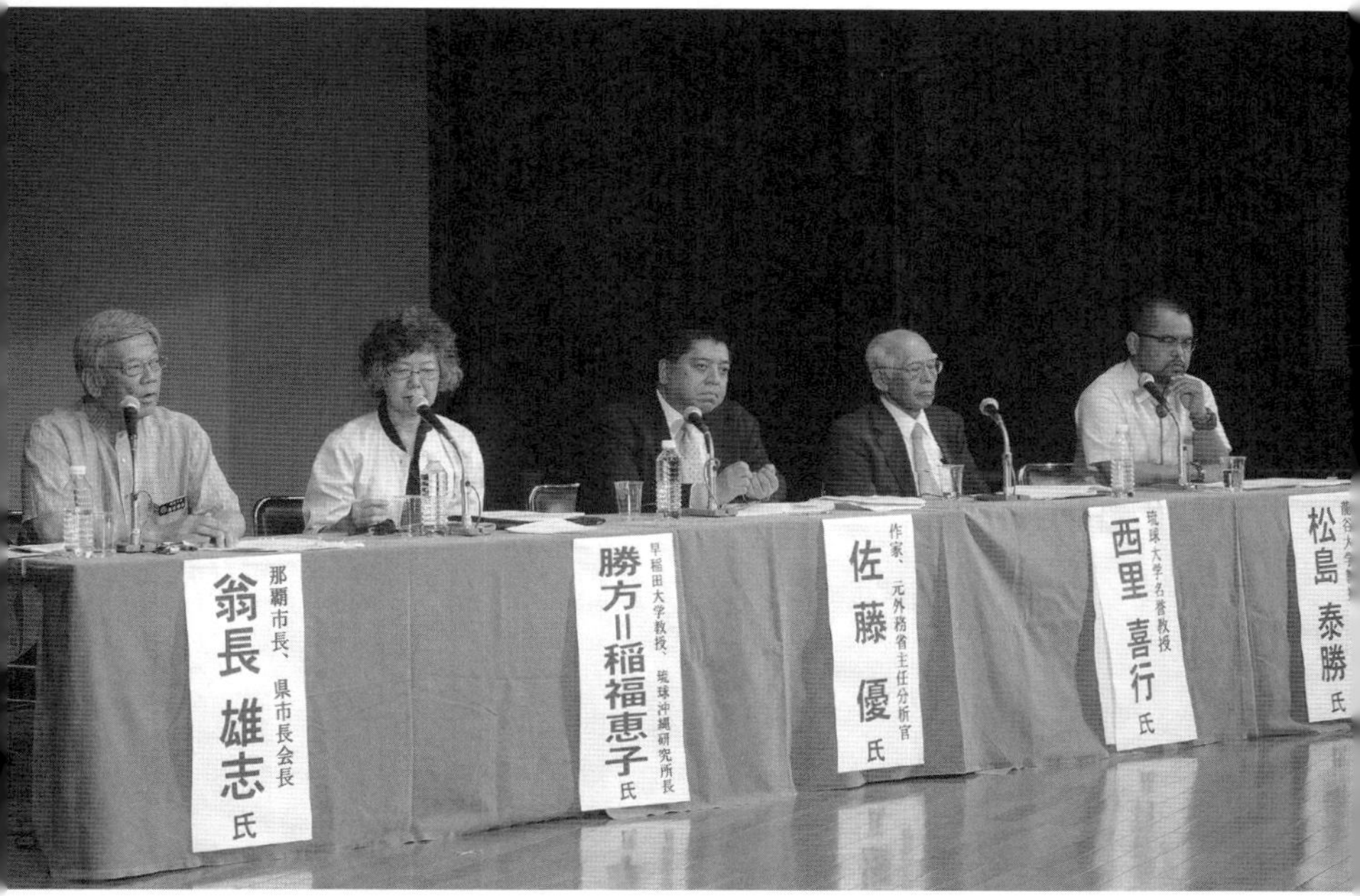


識者の討論を通して沖縄にとっての「主権」について議論を深めた「フォーラム4・28」＝2013年4月25日夕、那覇市泉崎の琉球新報ホール

# 「4・28」の意味問い直す　政府式典に批判
## 沖縄の「主権」確立を

【2013年4月26日 朝刊】

1952年のサンフランシスコ講和条約発効を記念し、政府が4月28日に開催する「主権回復の日」式典を前に、琉球新報社、沖縄テレビ放送、ラジオ沖縄の3社は25日夕、公開討論会「フォーラム4・28 沖縄から『主権』を問う」を、那覇市泉崎の琉球新報ホールで開催した。約620人が詰めかけ、5人のパネリストの討議を通して沖縄が日本から分離された「4・28」の意味や、沖縄や日本にとっての「主権」について理解を深めた。沖縄の独立論をめぐっても意見を交わした。

翁長雄志那覇市長は式典に対する沖縄の反発に関し、「寝た子を起こした。沖縄の問題は頭の片隅にもなかった」と安倍晋三首相を批判。式典を機に安倍政権が保守色をさらに強めようとすることに、「憲法改正よりも日米地位協定改定が主権回復だ」と主張し、沖縄の「主権」確立へ、「オール沖縄」による異議申し立ての重要性を強調した。

作家の佐藤優氏は、「完全な主権回復と言うなら、なぜ今も北方領土返還を求めるのか、矛盾する。沖縄が切り離された日との認識もなく、考えずに決めた式典」と批判。昭和天皇が米側へ沖縄の長期占領を希望することを伝えた「天皇メッセージ」について、「沖縄以外では天皇の話になると思考が停止する。受け止めは全然違う」と指摘した。

近世史に詳しい西里喜行琉球大名誉教授は、「普天間飛行場移設、TPP参加、原発再稼働、どれも米国の要求がちらつく。対米従属の現実を覆い隠す煙幕のようだ」と式典を批判した。県出身の勝方＝稲福恵子早稲田大教授も同じく式典を批判した上で、「知事欠席は正しいが、副知事出席は県民の気持ちを踏みにじる。何らかの意思表示をしてほしい」と県側に求めた。

琉球独立論を唱える松島泰勝龍谷大教授は、「島しょ防衛による軍事化で、琉球は誤った国家戦略の犠牲になる危険性がある。基地問題の根本的な解決には、完全独立がもっとも有効だ」と訴えた。

【翁長那覇市長　発言】

# 地位協定は日本の主権・独立を阻害

良くも悪くも安倍首相は寝た子を起こしたなと思う。沖縄県民も起こし、日本国民を起こし、場合によっては米国をも起こした。

7年前、安倍首相が「美しい国日本」と言った時に違和感があった。さらに今回の「日本を取り戻す」にも本当に違和感があった。戦後27年間、沖縄は日本国憲法の適用も当然ないし、児童福祉法の適用もない。国会議員も一人も出せなかった。その意味合いが「日本を取り戻す」という中に入っているのかどうか。大変疑問を感じる。

県民にとっては、まさしく「屈辱の日」だ。安倍首相はこの日に沖縄の問題が横たわっていることが頭の片隅にもなかったのではないか。

4・28で本当に主権は回復したのか。かつて県議会代表として4回ほど訪米し、基地問題を訴えてきた。米政府要人は「日本政府に言いなさい」と言う。帰って官房長官や主要閣僚に伝えると、「後ろで米国がノーと言うんだよ」と。まさしくたらい回しだった。

日米地位協定はまさしく日本の主権・独立を阻害している。1952年以降、今日までその状況は変わっていない。つまり日本の主権はいまだ回復していない。私は憲法改正よりも、日米地位協定の改定こそが日本の主権回復につながり、日本を取り戻すことにつながると思っている。

沖縄に配慮するというのであれば、沖縄の知事に出席要請すべきでなかった。沖縄の心に踏み絵を踏ませるようとすることに、配慮は全くない。

発言する翁長那覇市長

知事は大変悩みながら、なおかつ、出席しようと思えばできたものを、出席しないのだから尊重したい。
オール沖縄で県民の心をひとつにし、その次に沖縄から日本を変えるとの気概も込めて先ほど話したが、民主党政権が誕生した時、日米合意も含めて変わるかと思ったが、全く変わらないままに終わった。
その一部始終を見た時に、政府を支えている日本国民はある意味「オールジャパン」で沖縄に基地を置き、そこから日本の平和と経済成長へつなげていくんだなと感じた。沖縄県民は自分で持ってきたわけではない基地を挟んで、基地だ、経済だと大げんかをしてきた。上から目線で本土の人が見ているような感じがして、とても許せない。やはり県民はまとまって取り組まないといけない。

政党、会派でいろんな考えがあるのはよく分かる。しかし腹八分、腹六分で目標を設定し、県民が一つとなった運動を展開できない限り、今の状況は変わらないだろうと20年ほど前から考えている。今がそういう時期かなと思う。

「沖縄を甘やかすな」という官僚やマスコミを通じて、沖縄の若者も自分たちが甘えているのかと間違った認識を持っていることが多々ある。いま一度話し合い、しっかり議論していきたい。

若者が沖縄、琉球王国、先祖に対する誇りを持ち、理解して、21世紀にアジアの中でどう飛躍していくかが大事だ。若者が誇りと自信を持っていれば日本をのみ込んでいくのではないか。

# キャンプ・シュワブゲート前
# 初の訪問と激励

【2014 年 9 月 3 日】

皆さんの行動が名護の街を守り、沖縄や日本のあるべき姿を変える。辺野古に基地は造らせない。

米軍キャンプ・シュワブゲート前の座り込みに参加している市民を激励する翁長那覇市長（左端）＝2014 年9月3日午後、名護市辺野古

# 翁長那覇市長　市民を激励

# 辺野古に基地は絶対に造らせない

【2014年9月4日 朝刊】

県知事選への出馬が確実視されている翁長雄志那覇市長は、9月3日午後、米軍普天間飛行場の移設候補地である名護市辺野古を訪問し、キャンプ・シュワブ前で新基地建設反対を訴えている市民ら約130人を激励した。

翁長氏は「皆さんの行動が名護の街を守り、沖縄や日本のあるべき姿を変える。辺野古に基地は絶対造らせない。力いっぱい頑張っていきたい」とあいさつした。移設作業が本格化して以降、翁長氏が辺野古を訪れるのは初めて。

稲嶺進名護市長も同席し、翁長氏と握手を交わした。

翁長氏がシュワブ前のテントを訪れると、市民らはカチャーシーを踊って歓迎し、次々に握手を求めた。

翁長氏は「(辺野古断念などを訴えた)建白書の中身を県民が一つになって実現していく。稲嶺市長と手を取り合い頑張っていく」と語ると拍手が湧き起こった。

# 沖縄県知事選挙
# 出馬表明

【2014年9月13日】

イデオロギーよりアイデンティティー

記者会見で県知事選挙に出馬表明をする翁長氏＝2014年9月13日午後、那覇市民会館大ホール

# 県知事選　翁長氏が出馬表明
# 辺野古は断固反対

【2014年9月14日 朝刊】

翁長雄志那覇市長（63歳）は9月13日、那覇市民会館大ホールで記者会見し、11月16日投開票の県知事選（10月30日告示）に出馬することを正式に発表した。米軍普天間飛行場の名護市辺野古移設に関して、「今や米軍基地は沖縄経済発展の阻害要因だ。辺野古新基地建設には断固反対する」と強調した。

翁長氏は「仲井真知事が公約を破棄して（辺野古埋め立てを）承認した。承認は県民の理解を得ていない。まずは知事選で県民の意思をはっきり示すことだ」と話し、承認の賛否が知事選の最大の争点になるとの認識を示した。

埋め立て承認の撤回や取り消しなど辺野古移設を止める具体策については、「私の一存では言えない。みんなで力を合わせてやっていく」として明言を避けた上で、弁護士らと相談して方法論を検討しているとして、「損害賠償として出てくる可能性もある。県民の考えも必要になる」

と説明した。

また、米軍基地跡地の那覇新都心や北谷町美浜など、返還後に著しく発展した地域を挙げ、「沖縄の進むべき道」と表現した。自然や歴史、文化など沖縄の潜在力を認めた国内外の資本が投資意欲を示しているとして、「基地返還地は一等地に変わる。観光産業、情報通信産業の成長、発展の可能性が著しく大だ」と強調し、振興計画「沖縄21世紀ビジョン」も高く評価をした。

軍用地代の一括支払い（プライス勧告）を阻止した復帰前の土地闘争を振り返り、「今日の沖縄の政治選択の礎だ。その精神は『建白書』に込められ、再びオール沖縄としてまとまることができた」と強調。

「イデオロギーよりアイデンティティー」で集まる勢力の結集に自信を見せた。

【知事選　出馬表明】

# 基地は沖縄経済発展の阻害要因

沖縄の経済的可能性や潜在力はアジア、世界から高く評価されている。もはや沖縄は日本の辺境ではない。基地返還地に内外の資本が上陸し一等地に代わることや、観光産業、情報通信産業の成長など発展の可能性が大きい。

市町村が沖縄21世紀ビジョンに向かってまい進し、県が県民に寄り添ってリーダーシップを発揮する。その体制構築が21世紀ビジョンの目的達成に不可欠だ。那覇新都心や小禄金城地区、北谷町美浜地区の発展に見られるよう、今や米軍基地は沖縄経済発展の阻害要因だ。従って政府により強行されている辺野古新基地建設には断固反対する。

豊かな自然環境は今を生きる私たちだけのものではない。これから生まれてくるウチナーンチュの宝物でもある。決して壊してはならない。

イデオロギーよりもアイデンティティーに基づくオール沖縄として、子や孫に禍根を残すことのない責任ある行動が今、強く求められている。

【出馬表明会見　一問一答】

# 県民意思、はっきり示す

――当選した場合、辺野古の埋め立て承認の撤回、取り消しを考えるか。

「仲井真弘多知事が公約を破棄し、埋め立てを承認した。知事選で仲井真知事の承認に対する県民の意思をはっきり示し、具体的な方法を取っていく」

――日米安全保障条約は必要だと思うか。

「日米安保は理解するが、0・6％の国土面積に（米軍専用施設を）74％も置くのは、とんでもないことだ」

――政府と対決姿勢になるが、振興策など基地以外ではどう対応するのか。

「本州四国連絡橋は四国が基地や原発を負担したから造ったのか。沖縄だけに暗に基地を背負わせるのは、国の在り方としてどうか。（振興策の協議は）沖縄が日本にどう貢献できるのかを考えてやりたい」

県知事選出馬表明の記者会見後、支持者と握手する翁長氏＝ 2014 年9月 13 日午後、那覇市民会館大ホール

――承認撤回を公約に掲げるのは難しいのか。

「県民が撤回を望んでいるから尊重するというのは、心をひとつにできる表現だ。

法的問題は弁護士からレクチャーを受けている。これは県民が試される話にもなる。損害賠償を国から求められる可能性もある。撤回と取り消しをどう見るかは、県民の考え方も必要になる。

辺野古基地を造らせないために、何ができるかを考えていきたい」

# 「オール沖縄」で
# 沖縄県知事選挙に当選

## 【2014 年 11 月 16 日】

基地を勝手に造られ、世界一危険だからどかすけど、移設先はお前たちで探せという発想はおかしい。政府で考えてくれというのは当たり前の話だ。

知事選の当選が確実となり、支持者と喜ぶ翁長雄志氏（中央）＝2014 年11 月 16 日午後8時 10 分、那覇市壺川の事務所

# 新知事に翁長氏　現職仲井真氏に10万票差
# 辺野古反対　支持集める

【2014年11月17日 朝刊】

米軍普天間飛行場の名護市辺野古移設の是非を最大の争点にした任期満了に伴う第12回県知事選は11月16日、投開票され、無所属新人で前那覇市長の翁長雄志氏（64歳）が36万820票を獲得し、初当選した。戦後生まれの知事は初めて。

3選を目指した無所属現職の仲井真弘多氏（75歳）＝自民、次世代推薦＝は26万1076票で、翁長氏が9万9744票差をつけた。

辺野古移設反対の公約を掲げた翁長氏は今後、辺野古沖の埋め立て承認の取り消しや撤回を視野に、移設計画の中止を日米両政府に求める構えだ。

翁長氏の得票は投票者総数の51・22％を占めた。無所属新人で元郵政民営化担当相の下地幹郎氏（53歳）は、6万9447票。同じ無所属新人で元参議院議員の喜納昌吉氏（66歳）は、7821票だった。

翁長氏は辺野古沖埋め立て承認の取り消し、撤回を示唆し、政府が県に提出している埋め立て工法の変更申請も厳しく審査する方針を示している。政府は知事選の結果を問わず移設計画を進める考えで、今後の交渉が注目される。

普天間問題について、仲井真氏は辺野古移設推進による普天間の早期の危険性除去を主張していた。下地氏は県民投票による解決、喜納氏は埋め立て承認の取り消しを訴えていた。

翁長氏は社民、社大、共産、生活の野党各党や県議会会派の県民ネット、保守系那覇市議、経済界有志らによる「オール沖縄」の支援を受けた。仲井真氏陣営は辺野古の埋め立て承認に反発した公明が自主投票となり、自公体制が崩れていた。下地氏は政党そうぞうや維新の党が支援した。喜納氏は政党の支援がなかった。

翁長氏は辺野古移設反対の世論を背景に、保革を超えた枠組みを構築したことが奏功した。仲井真氏は埋め立て承認に対する反発で、支持が離れた。

【翁長氏　一問一答】

# 初当選　新たな希望託された

――最も支持された点は。

「県民のアイデンティティーという訴えだと思う。今も続く基地の重圧に対し、『オール沖縄』『保革を超える』との考えが支持を得たのではないか。新たな希望を県民が託した。先頭に立ち、新しい歴史の一ページとして基地問題解決や自立した経済の発展に向けて頑張る」

――日米両政府にじかに辺野古反対を伝える時期は。

「今日や明日にでもと思ったが（衆院の）解散（見通し）は想定外だった。中央の流れがまだつかめないが、一日も早く（知事選）結果を持って沖縄側の主張をする」

――辺野古移設阻止への法的な見通しと決意を。

「法律的な瑕疵《かし》がある場合、取り消しができる。（法的瑕疵がなくても）私が辺野古基地を造らせない公約を掲げて当選したことを踏まえ、撤回も十分にあり得る」

――次の衆院選は翁長陣営で戦った構図で戦うのか。

「何が争点かまだ見えないが、オール沖縄の意義はある。解散の意義や告示までの推移を見てどう対応するか決める」

## 【編集局長　翁長氏インタビュー】

# 誇りある、潤いのある豊かさを築く

――一夜明けての気持ちは。

「使命感と責任感をずしりと感じている。県民からの期待と、横たわる問題の大きさという両方がある。両方に向き合い、頑張っていくしかないという気持ちだ」

――約10万票差はどう感じているか。

「世論調査でいい結果が出ているのは聞いていたが、他候補の終盤の追い上げもすごく、にわかに信じられなかった。沿道での反応の良さなど選挙戦を総合してみると、県民の思い、特に基地問題への思いの大きさを感じている」

――細かな公約を掲げた。優先して何に取り組むか。

「21世紀ビジョンを読み込むと、沖縄のこれからのベースになるべきものだと思うので、これを生かしていかなければならない。最も注目すべきはアジアのダイナミズムに沖縄が進出していくということ。那覇空港の国際物流拠点、情報通信産業などで沖縄が果たす役割は大きい。海外観光客の受け入れに向けた施設整備、県産品、伝統工芸品にも目を向ける。アジア経済戦略構想の策定に向け有識者らの提言を受けたい」

――仲井真県政の何を踏襲し、何を見直すのか。

「仲井真さんの合理的な経済運営は評価するものだ。ただ沖縄の置かれている立場がある。象徴的なのはカジノには反対するということなどだ。沖縄の自然や歴史、伝統文化という誇れるソフトパワーが観光や産業を呼び込むための相当な力になっている。県民の誇りの上に沖縄の経済や社会の成り立ちがあると考える。誇りある豊かさだ。

戦後の冷戦構造の中で、自分で持ってきたわけでもない基地を挟んで保守と革新がいがみ合わざるを得なかった。保守は経済、革新は尊厳や人権だった。ただ、今のアジアのダイナミズムの中で、経済の位置付けが大きくなってきたが、人の心の中で（経済か尊厳かではなく）生活と平和を一緒に考えられるようになった。それがオール沖縄だと思う。オール沖縄は、誇りのない豊かさではない。誇りのある豊かさだ。その関連性を踏まえてやっていきたい。

殺伐とした豊かさではなく、潤いのある豊かさだ。グローバル化の進展で格差社会が拡大する可能性があるが、沖縄ではそうなってはいないとなれば世界にも注目されることになる」

——副知事の人事構想や、県政運営の考え方は。

「市長を4期14年やり、一定の見識は持っている。慌てずいろいろな方の意見を聞いて決めたい。行政は職員が8割方の仕事を粛々と進め、残りの2割は大きな目標に向かって知事や市長が引っ張っていくというものがある。職員の働きが乱れず、前に進むようなピラミッド型をつくっていきたい」

——辺野古移設阻止を掲げた。具体的にどう進めるか。

「8年前に議員らと硫黄島の視察に行った経緯があり、どこか県外に持っていきたいとやってきた。ただ県外に持っていけという主張は無責任だという批判が沖縄から出るのはさびしい。基地を勝手に造られ、69年たって世界一危険だからどかすけど、移設先はお前たちで探せという発想はおかしい。政府で考えてくれというのは、当たり前の話だ。こういったことが理解されないで、危険を除去するために移してあげるのに、沖縄は何をばかなことを言っているのかという話が通っている。そうではないということを知らしめたい。

基地は振興の阻害要因だということが今回の選挙で県民にも理解してもらったかと思う。基地に反対したら発展はないという意識が変わってきた。

未来永劫《えいごう》にわたって普天間を固定化するということになると、事故の可能性を考えれば、日米安保体制は吹き飛ぶ。私なりの考えだが、新辺野古基地を造らせないということが、普天間を固定化させないということになる」

――仲井真さんは移設前提に5年以内の運用停止を挙げた。移設なしでも普天間を閉鎖に追い込めるという構想か。

「5年の基点が曖昧なこともあり、信用していない。米側からも『空想だ』との反応がある。ただ、新基地を造らなければ、物事は動かざるを得ないというのが私の確信だ」

――埋め立て承認の取り消し、撤回の取り組みは。

「埋め立て承認と振興のリンクを10万票差で吹っ飛ばした。日米両政府に赴き、沖縄の現状を訴えたい。民意が示されたことを受け、両政府に変化が出るかも見極め、国連への要請も視野に入れる必要がある。名護市長とも相談しているが、知事権限の厳格な行使を検討している。知事承認に至った検証や今回の選挙結果を踏まえ、取り消し、撤回についての考え方をしっかりまとめる。不退転の決意でしっかり対応したい」

――工法の変更申請への対応は。

「報道でしか知らないが、変更によって（より環境への影響が）劣悪になるものもある。分かりましたとは言い難い変更だ」

――今回の選挙ほど沖縄の自己決定権が叫ばれた選挙はなかった。

「自己決定権は長い歴史の中で沖縄、琉球が抱えてきた問題だ。今もって多くの県民が基地の存在に違和感を持っている。70年前のあの悲惨な地上戦だけでなくて、将来に向けても皮膚感覚で恐怖的なものを持っている。

平和、基地の問題で自己決定権がないために翻弄《ほんろう》されるようでは、沖縄に生まれた政治家としては、将来の子や孫に責任が持てないと思っている」

ニュースや情報提供 098(865)5158
広告のお申し込み (0120)415059
購読・配達の問い合わせ (0120)395069
本社事業案内 098(865)5256
読者相談室 098(865)5656

琉球新報
THE RYUKYU SHIMPO
第38018号

(日刊)
2014年(平成26年)
11月17日月曜日
[旧暦9月25日・先負]
発行所 琉球新報社
〒900-8525那覇市天久905番地
電話 098(865)5111


# 新知事に翁長氏

## 仲井真氏に10万票差

### 辺野古反対 支持集める

知事選の当選が確実となり、支持者と万歳する翁長雄志氏(中央)＝16日午後8時10分、那覇市壺川の事務所

米軍普天間飛行場の名護市辺野古移設の是非を最大の争点にした任期満了に伴う第12回県知事選は16日、投開票され、無所属新人で前那覇市長の翁長雄志氏(64)が36万820票を獲得し、初当選した。戦後生まれの知事は初めて。3選を目指した無所属現職の仲井真弘多氏(75)＝自民、次世代推薦＝は26万1076票で、翁長氏が9万9744票差をつけた。辺野古移設反対の公約を掲げた翁長氏は今後、辺野古沖の埋め立て承認の取り消しや撤回を視野に、移設計画の中止を日米両政府に求める構えだ。

2、3、4、6、28、29、30面に関連

沖縄の岐路 2014知事選

翁長氏の得票は投票者総数の51・22%を占めた。無所属新人で元郵政民営化担当相の下地幹郎氏(53)は6万9447票。無所属新人で元参院議員の喜納昌吉氏(66)は7821票だった。

翁長氏は辺野古沖埋め立てで承認の取り消し、撤回を示唆し、政府が県に提出している埋め立て工法の変更申請も厳しく審査する方針を示している。政府は知事選の結果を問わず移設計画を進める考えで、今後の交渉が注目される。

普天間問題について、仲井真氏は辺野古移設推進による普天間の早期の危険性除去を主張していた。下地氏は県民投票による解決、喜納氏は埋め立て承認の取り消しを訴えていた。

翁長氏は社民、社大、共産、生活の野党各党や県議会会派の県民ネット、保守系那覇市議、経済界有志らによる「オール沖縄」の支援を受けた。仲井真氏陣営は辺野古の埋め立て承認に反発した公明が自主投票となり、自公体制が崩れていた。下地氏は政党そうぞうや維新の党が支援した。喜納氏は政党の支援がなかった。

翁長氏は辺野古移設反対の世論を背景に保革を超えた枠組みを構築したことが奏功した。仲井真氏は埋め立て承認に対する反発で支持が離れた。

| 県知事選開票結果(選管最終) | | | |
|---|---|---|---|
| 当 翁長 雄志 | | 無所属・新 | 360,820票 |
| 仲井真 弘多 | 自民、次世代推薦 | 無所属・現 | 261,076票 |
| 下地 幹郎 | | 無所属・新 | 69,447票 |
| 喜納 昌吉 | | 無所属・新 | 7,821票 |

## 早期に上京、訪米へ

### 翁長氏「承認撤回あり得る」

県知事選で初当選した翁長雄志氏は16日夜、報道各社の質問に答え、日米両政府が進める米軍普天間飛行場の名護市辺野古移設計画の阻止を訴えるため、上京や訪米の日程を早期に検討する考えを示した。翁長氏は「一日も早くこの(知事選の)結果を持って沖縄側の主張をしたい」と強調した。

沖縄防衛局が県に申請している辺野古埋め立てに関する工法変更の審査に関しては「もっと詳しく厳密に審査し、名護市とも意見交換しながら知事の権限を行使したい」と厳しく審査する考えを示した。

仲井真弘多知事が昨年末に承認した辺野古埋め立てに関しては「県庁の内部資料を調べ、法律的な瑕疵がないか判断する」と述べ、瑕疵があれば取り消す考えを示した。瑕疵がないと判断した場合でも、辺野古移設反対を掲げた自身の当選によって「撤回も十分にあり得る」との認識を示した。

副知事など幹部人事については「市長を4期やったことで(人事に関する)スピード感も分かっている。周囲と相談しながら早めに決めていきたい」と述べ、早期に決定する考えを示した。

## 投票率増64・13%

県知事選の投票率は64・13%で、前回知事選の60・88%を3・25ポイント上回った。米軍普天間飛行場の辺野古移設問題が最大の争点となり、有権者の関心が集まったことで、低下傾向にある投票率に歯止めをかける結果となった。

投票者数は70万4368人。男性33万8010人(63・32%)、女性36万6358人(64・89%)だった。当日有権者数は109万8

那覇市長選に初当選し、万歳三唱する城間幹子氏(中央)＝16日午後8時4分ごろ、那覇市久茂地の選挙事務所

## 那覇市長は城間氏

### 初の女性 最多得票10万超

県都の未来 2014那覇市長選

県知事選に出馬した前職の辞職に伴う那覇市長選挙は16日、投票が行われ即日開票の結果、無所属新人で前副市長の城間幹子氏(63)が無所属新人で前副知事の与世田兼稔氏(64)＝自民、公明推薦＝を大差で破り、初当選した。得票数は戦後最多となる10万票を超え、那覇市政初の女性市長に就任する。城間氏は前市長の翁長雄志氏(64)の後継として立候補し、保革の双方、無党派層から幅広い支持を得た。同日の知事選で勝利した翁長氏とのセット戦術も奏功した。投票率は65・25%で、前回の39・43%を25・82ポイント上回った。

(5、28、29面に関連)

城間氏の得票数は10万1052票で、5万7768票を獲得した与世田氏に4万3284票差をつけた。

これまで那覇市長選は保守系、革新系の候補による一騎打ちの構図となることが多かった。しかし、今回は市議会最大会派で自民県連を除名になった「新風会」や共産、社民、社大、民主などの各党が城間氏を支援し自民と公明の両党が与世田氏を推薦するなど従来の選挙戦と異なる構図で争われた。

選挙戦は待機児童解消をはじめ市街地活性化、行財政改革など各施策の手法と米軍普天間飛行場の辺野古移設や垂直離着陸輸送機MV22オスプレイ配備など基地問題に対する基本姿勢が争点となった。

| 那覇市長選開票結果(選管最終) | | |
|---|---|---|
| 当 城間 幹子 | 無所属・新 | 101,052票 |
| 与世田 兼稔 | 無所属・新 自民、公明推薦 | 57,768票 |

◇りゅうちゃんクイズは休みました。

おことわり

県知事選の開票報道のため、17日付の新聞は配達の遅れが予想されます。ご了承ください。 琉球新報社

天気は3面、テレビ面は20面に移しました

# 知事就任後
# 菅義偉官房長官と初の会談

【2015年4月5日】

普天間も含めて基地は全て強制接収された。普天間は危険だから、危険除去のために沖縄が（辺野古で）負担しろと。こういう話がされること自体が、日本の政治の堕落ではないか。

初めての会談に望む翁長雄志知事（手前右）と菅義偉官房長官（同左）と＝ 2015 年4月5日午前9時 55 分ごろ、那覇市のANAクラウンプラザホテル沖縄ハーバービュー

## 「キャラウェイに重なる」─高等弁務官に例え批判
## 辺野古「建設できない」

**【2015年4月6日 朝刊】**

翁長雄志知事と菅義偉《よしひで》官房長官は4月5日、那覇市内のホテルで会談した。米軍普天間飛行場移設問題に関し、菅氏は、「辺野古移設を断念することは普天間の固定化にもつながる。（仲井真弘多前知事に）承認いただいた関係法令に基づき、辺野古埋め立てを粛々と進めている」と説明した。翁長氏は、「『粛々《しゅくしゅく》』という言葉を何度も使う官房長官の姿が、米軍軍政下に『沖縄の自治は神話だ』と言った最高権力者キャラウェイ高等弁務官の姿と重なる。県民の怒りは増幅し、辺野古の新基地は絶対に建設することはできない」と強く批判した。米軍普天間飛行場の名護市辺野古移設の阻止を公約した翁長氏が知事に就任した2014年12月以降、官房長官が翁長氏と会談したのは初めて。

会談冒頭、菅氏が先に発言し、政府が取り組んできた基地負担軽減策や今後予定している経済振興策などを説明し、「沖縄の皆さんと連携しながら信頼感を取り戻させていただきたい」と辺野古移設に理解を求めた。

それに対し翁長氏は沖縄の民意に触れ、「私と前知事の政策の違いは埋め立て承認以外になく、埋め立て承認の審判が知事選の大きな争点だった。10万票差で私が当選したことは辺野古基地反対の県民の圧倒的な考えが示された」と説明した。

日米安保体制の重要性は認識しているとした上で、「基地建設のために土地を強制接収され、県民は大変な苦しみを今日まで与えられてきた。そして普天間飛行場は世界一危険になったから『危険性除去のために沖縄が負担しろ』と言う。（反対すると）『日本の安全保障はどう考えているんだ』と言う。こんな話が出ること自体、日本の政治の堕落ではないか」と批判した。

さらに「（辺野古新基地）建設途中で頓挫《とんざ》することで起こり得る事態は全て政府の責任だ。辺野古（移設）ができなければ、官房長官もラムズフェルド元国防長官も世界一危険だと言う普天間飛行場が固定化されるのか聞かせてもらいたい」と突き付けた。

翁長知事は今後、岩礁破砕許可取り消しなど知事権限の行使を視野に入れながら、政府との協議を続けていく構えだ。

会談は約1時間行われ、冒頭約30分が公開された。非公開部分は事務方を入れず、翁長氏と菅氏の2人だけで意見を交わした。

## 【翁長知事　冒頭発言全文】

# 「粛々」は上から目線

お忙しい中、時間を割いていただき、意見交換の場をつくっていただいたことに感謝を申し上げたい。官房長官からも話があったが、沖縄は全国の面積のたった0・6%に74%の米軍専用施設が置かれている。まさしく戦後70年間、日本の安全保障を支えてきた自負もあり、無念さもある。今、官房長官からそういったことに対して大変理解のある言葉をもらった。そうであるならば、去年の暮れ、あるいはことしの初め、どんなに忙しかったかは分からないが、こういった形で話をする中で「物事を粛々と進める」ということがあったら、県民の理解ももう少し深くなったと思う。

私は日米安保体制が重要だというのは、私の政治の経歴からいっても十二分に理解している。しかし、日本の安全保障を国民全体で負担するという気構えがなければ、今、尖閣の話もあったが、たった1県のこの沖縄県に多くの米軍施設を負担させて日本の国を守るんだと言ってもよその国から見るとその覚悟のほどがどうだろうかと思う。

日本国民全体で負担する中で、日本の安全保障や日米安保体制、日米同盟をしっかりやってほしいというのが私の気持ちだ。

オスプレイなどが本土で訓練する話もあったが、残念ながらいわゆる基幹基地を本土に持って行くという話がないから、訓練をしていずれ全て沖縄に戻ってくるのではないかという危惧は、今日までの70年間の歴史からすると、十二分に感じられることだ。不安がある。

そして、どんなに言っても米軍の運用に自分たちは口を挟《はさ》めないんだという形で物事が終わってしまう。環境問題もさることながら、日米地位協定の改定も抜本的な意味合いでやってもらわないと。沖縄の危惧は、今の日米地位協定の中では解決しにくいと思っている。

今日まで沖縄県が自ら基地は提供したことはないということを強調しておきたい。普天間飛行場もそれ以外の取り沙汰される飛行場も基地も全部、戦争が終わって県民が収容所に入れられている間に、県民がいる所は銃剣とブルドーザーで、普天間飛行場も含め基地に変わった。

私たちの思いとは全く別に全て強制接収された。自ら奪っておいて、県民に大変な苦しみを今日まで与えて、そして今や世界一危険になったから、普天間は危険だから大変だというような話になって、その危険性の除去のために「沖縄が負担しろ」と。「お前たち、代替案を持ってるのか」と。「日本の安全保障はどう考えているんだ」と。「沖縄県のことも考えているのか」と。こういった話がされること自体が日本の国の政治の堕落ではないかと思う。

日本の国の品格という意味でも、世界から見ても、おかしいのではないかと思う。この70年間という期間の中で、基地の解決に向けてどれぐらい頑張ってこられたかということの検証を含め、そのスピードから言うと先にはどうなるのか。これもなかなか見えてこないと思う。

一昨年、サンフランシスコ講和条約の発効の時にお祝いの式典があった。日本の独立を祝うんだという、若者に夢と希望を与えるんだという話があったが、沖縄にとっては、あれは日本と切り離された悲しい日だ。そういった思いがある中、あの万歳三唱を聞くと、沖縄に対する思いはないのではないかと率直に思う。27年間、サンフランシスコ講和条約で日本の独立と引き換えに米軍の軍政下に差し出されて。そして、その27年の間に日本は高度経済成長を謳歌《おうか》した。その間、私たちは米軍との過酷な自治権獲得運動をやってきた。想像を絶するようなものだった。

官房長官と私は法政大学で一緒だが、私は22歳までパスポートを持ってドルで送金受けて日本に通った。そういったものなどを思い浮かべると、あの27年間、沖縄が支えたものは何だったのかなと思い出される。そして、官房長官が「粛々」という言葉を何回も使う。僕からすると、埋め立て工事に関して問答無用という姿勢が感じられる。その突き進む姿は、サンフランシスコ講和条約で米軍の軍政下に置かれた沖縄。その時の最高の権力者だったキャラウェイ高等弁務官は「沖縄の自治は神話である」と。「自治は神話」

初会談を前に菅官房長官（左）と硬い表情で握手をする翁長知事＝ 2015 年4月5日、那覇市のANAクラウンプラザホテル沖縄ハーバービュー

だとあの当時に言った。

私たちの自治権獲得運動に対し、そのような言葉で、キャラウェイ高等弁務官が言っていて、なかなか物事は進まなかった。

官房長官の「粛々」という言葉がしょっちゅう全国放送で出てくると、何となくキャラウェイ高等弁務官の姿が思い出される。何か重なり合う感じがして、私たちのこの70年間、何だったのかなと率直に思っている。

そして、この27年間の苦しい中で強制接収された土地を、プライスさんという人がきて、プライス勧告というもので強制買い上げをしようとした。とても貧しい時期だったから、県民は喉から手が出るほどお金がほしかったと思うが、みんなで力を合わせてプライス勧告を阻止した。

今、私たちは自分たちの手の中に基地（の土地）が残っている。こういった自治権獲得の歴史は「粛々」という言葉には決して脅かされない。そう思っている。上から目線の「粛々」という言葉を使えば使うほど、県民の心は離れて、怒りは増幅していくのではないのかと思っている。私は辺野古の新基地は絶対に建設することができないという確信を持っている。

こういう県民のパワーが私たちの誇りと自信、祖先に対する思い、将来の子や孫に対する思いというものが全部重なっていて、私たち一人ひとりの生きざまになってくる。こういう形で「粛々」と進められるものがあったら、絶対に建設することはできない、不可能になるだろうなと私は思う。そうすると、建設途中で頓挫《とんざ》することによって、起こり得る事態は全て政府の責任だ。世界が注目しているので、日本の民主主義国家としての成熟度が多くの国に見透かされてしまうのではないかなと思っている。


官房長官にお聞きしたい。ラムズフェルド国防長官（2003年当時）が「普天間は世界一危険な飛行場だ」と発言し、官房長官も国民や県民を洗脳するかのように「普天間の危険性除去のために、辺野古が唯一の政策」と言っている。辺野古基地ができない場合、本当に普天間は固定化されるのかどうか、聞かせていただきたい。

ラムズフェルドさんも官房長官も多くの識者も世界一危険な基地だと言っているのに、辺野古ができなかったら固定化ができるのかどうか。これをぜひお聞かせ願いたい。

普天間が返還され、辺野古に行って（面積が）4分の1になるという話がある。それから嘉手納以南の相当数が返されると言うんですが、一昨年に小野寺前防衛大臣が来た時に「それで、どれだけ基地は減るのか」と聞いたら、今の73・8％から73・1％にしか変わらない。0・7％だ。

なぜかというと那覇軍港もキャンプキンザーもみんな県内移設だから。県内移設なので、普天間が4分の1の所に行こうがどうしようが、73・8％が73・1％にしか変わらない。

官房長官の話を聞いたら全国民は「相当これは進むな」「なかなかやるじゃないか」と思うかもしれないけれど、パーセンテージで言うとそういうことだ。


それからもう一つ。那覇軍港やキャンプキンザーなどは2025年まで、2028年までには返すと書いてあるが、その次に「またはその後」と書いてある。これは日本語としてどうなんだと思う。

2025年、2028年までに返すんだと書いておいて、その次に「またはその後」という言葉が付いている。「ハナシクワッチー」と言って、沖縄では話のごちそうという言葉がある。いい話をして局面を乗り越えたら、このことにはまた知らんふりというのが、戦後70年間の沖縄の基地の問題だったと思う。だから、今こうしてオスプレイをどこそこに持って行くあるいはたくさんの基地が返るんだという話をされても「またはその後」が付けば、「50年ぐらい軽くかかるんじゃないか」という危惧を県民はみんな持っている。

こういうところをぜひ、ご理解いただきたい。そして、安倍総理が「日本を取り戻す」と二期目の安倍政権から言っていた。私からすると、取り戻す日本の中に沖縄が入っているのか、率直な疑問だ。

「戦後レジームからの脱却」ということもよく言うが、沖縄では「戦後レジームの死守」をしている感じがする。一方で憲法改正という形で日本の積極的平和主義を訴えながら、沖縄でこの「戦後レジームの死守」をすることは、本当の意味の国の在り方からいくと納得しにくい。

昨日、一昨日の官房長官の「沖縄県民の民意」というものがあった。「いろんなものがあってあの選挙を戦ったんだよ」と。「だから(民意は)いろいろあるでしょう」という話があったが、2014年度の名護市長選挙、特に沖縄県知事選挙、衆院選挙の争点はただ一つだった。前知事が埋め立て承認をしたことに対する審判だった。テレビ討論や新聞討論で(議題は)教育、福祉、環境いろいろあるが、私と前知事の政策に、埋め立て承認以外では違いがなかった。

あの埋め立て承認の審判が、今度の選挙の大きな争点であり、10万票差で私が当選したということは、もろもろの政策でやったものではないということを、ぜひ理解してほしい。辺野古基地の反対について、県民の圧倒的な考えが示されたと思っている。

振興策の話もしていたが、沖縄県はいろいろ難しいところがある。例えば基地があることによって困ったことは何だったかというと、あの9・11の（米国）ニューヨークのテロでビルに飛行機がぶつかったときに、大変なことが起きたなと思ったら、1週間後には、沖縄に観光客が4割来なくなった。そして4割来ないということは大変な出来事で、あのときの沖縄の苦しみというのは大変だった。

そして尖閣も日本固有の領土だし、守ることは結構だ。しかし、あの尖閣で何か小競り合いが起きると、石垣島に来ている100万人の観光客がすぐ10万人くらいに減るという危険性も十二分に持っている。そういう視点からも、沖縄は平和の中にあって初めて、沖縄のソフトパワー、自然、歴史、伝統、文化、万国津梁の精神、世界の懸け橋になる、日本のフロントランナーとなる。経済的にもどんどん伸びていき、平和の緩衝地帯として他の国々と摩擦が起きないような努力の中に沖縄を置くべきだと思う。米軍基地があると、お互いの国とも近くて、最近はミサイルが発達しているので1、2発で沖縄が危なくなる。

こういったことを考え合わせると、米軍もアメリカももうちょっと遠いところに行きたがっているんじゃないか。日本の方がかえってそれを止めて「抑止力」という形でやっているのではないかという疑問がある。

アジアを見据える、あるいは中東を見据えるところまで沖縄の基地が使われるのではないかと思っているが、この辺の根本的な説明がないと、新辺野古基地というのは恐らく難しい。

県民の今日までのいろんな思いは絶対に小さくはならない。もっと大きくなって、この問題に関して、話が進んでいくと私は思っている。

きょう官房長官にお会いさせていただいたが、安倍総理にもこのような形でお話しする機会があれば大変ありがたい。ぜひ、その面談の手配をお願いしたい。（官房長官は）基地負担軽減担当大臣でもあるので、辺野古建設の中止をされて、しっかりと話し合いをして、基地問題を解決していただきたいと思っている。よろしくお願いします。

## 【菅義偉官房長官　冒頭発言全文】

# 沖縄県民の信頼取り戻す

本日は普天間飛行場の辺野古移転をはじめ、沖縄の負担軽減策、また振興策について政府の考え方をご説明させていただいて、また知事との間で率直な意見交換をさせていただきたい。そういう思いの中で、きょうのお時間をお願いさせていただいた。

また今後、政府と沖縄県との間で対話を進めていく。その中で第一歩にすることができればいいなと思っている。まず私の方から政府の考え方というものを簡潔にご説明させていただきたい。

政府としては、国土面積の1％に満たない沖縄県に、約74％の米軍基地が集中している、このことについて沖縄県民の皆さんに大きなご負担をお願いしている、お掛けしている。ここについては重く受け止めている。

安倍政権としては、まさに負担軽減のためにやれることは全てやれと。そして一つひとつ、具体的な形で物事が実現するように、という基本方針の下に政府の最重要課題の一つとしてこの問題を取り上げていることにぜひご理解をいただきたいと思う。そのためには、やはり全国の知事の皆さんや全国の地方自治体の皆さんに、お願いを国としてはしているところだ。

また、その中でこの基地問題だが、何と言っても最重要というのは普天間飛行場の危険除去。まさにこの市街地の中心部に位置して、そしてまた周辺を住宅や学校にこれ囲まれているため、世界で一番危険な飛行場と言われている。そしてこの危険除去と固定化というのは、あってはならない。このことについては、県も国も同じ認識だと思っている。

この飛行場について、19年前に日米で全面返還が合意をされた。そして3年後に当時の沖縄県知事と名護の市長の同意をいただいて、辺野古移設が閣議決定をしたという経緯もあることも事実だと思う。

しかし、16年たっても、なかなか、いろんな問題があって進まなかった。今日までの政権の中で迷走もあった。そういう中で、２０１３年に仲井真知事からご理解をいただいて、辺野古移設の埋め立て承認、このことに同意をいただいたところだ。

現に昨日も尖閣諸島に公船が侵入してきた。わが国を取り巻く安全保障関係、極めて厳しい中にあって、まさにこの沖縄県民の皆さんの方々を含めて国民を守ることは国の責務だと思う。そうした状況の中で、日米同盟の抑止力の維持と危険除去、こうしたことを考えた時に、辺野古移設というのは唯一の解決策であると政府は考えている。

そして今日にいたるまで長い間、日米間で真摯《しんし》に話し合い、議論してきたその合意事項でもある。辺野古移設を断念することは普天間の固定化にもつながるという、そういう中で政府としては承認いただいた関係法令に基づいて辺野古埋め立て、環境や住民生活で皆さんに配慮しながら、粛々と進めているところだ。

また普天間の辺野古への移設に伴って普天間の飛行場の機能を辺野古に移るんじゃないかと言われているが、それは可能な限り負担軽減していきたいと思う。今普天間にあるこの三つの機能。その三つの機能のうち、一つ空中給油機。これについては15機全部、２０１４年、山口の岩国飛行場に移した。そして緊急時における航空機の受け入れ機能、これについても九州に移す予定で話を進めている。

結果的に辺野古に移転するのはオスプレイなどの軍用機能だけだ。そして、オスプレイの訓練についても、本土でできる限り受けたいと思っている。２０１４年も数多く訓練が行われた。そしてまた千葉県において木更津自衛隊の駐屯地あるが、ここでオスプレイの定期整備、これを実施できるように、地元の知事、市長からもこのことに受け入れることで今、努力をしていただいている。こういう形でそこは進めていきたいと思う。

そして、辺野古の埋め立て面積は普天間の約3分の1になるし、今、普天間では1万戸以上の世帯に住宅防音工事が必要となるが、辺野古はゼロになるというふうに私どもは報告を受けている。

また普天間以外、いわゆる嘉手納以南。まさに沖縄の人口約8割が密集しているこの地域に所在する米軍基地の約7割が返還されることが一昨年、日米首脳会談で合意されて初めて具体的に明示されている。政府としてはこうしたことも一日も早く実現できるよう努力していきたい。

全面積は東京ドームの２２０個分といわれている。非常に環境のいい土地だと思うので、地元のご意見をうかがいながら効果的な土地活用、まさに沖縄経済発展の起爆剤となれるよう政府も沖縄県と協力しながら、ここはしっかり進めていきたい。

また3月末に返還され、昨日、知事もご出席いただいた西普天間の返還だが、その後も県からも強いご要望があった跡地利用における公共用地の取得、これが可能になるように円滑に進むように今度の国会でようやく成立することができた。

さらに米軍による海兵隊の約半分の9千人、これがグアムはじめ県外に移転することがすでに合意されている。その中で２０１４年、米国においてグアム移転費の資金凍結、これが解除された。これからは本格的な移転が可能になってくるというふうに私は思っている。

さらにこれは地位協定が締結され50年以上たって初めてだったが、こうした基地跡地利用が現実的になっているので、基地への事前の立ち入りができるような環境協定についても日米間で基本的な合意を得ている。

このため、こういう思いの中で私どもとすれば、政府とすればぜひ負担軽減策と危険除去、日米同盟のまさに抑止力の維持、こうしたことを考えた時に、この辺野古移設をぜひ進めさせていただきたいと思う。

また沖縄振興策だが、まさに沖縄は東アジアの中心部に位置する。この地域性にも優位性、そして出生率が全国第1位、こうした潜在力、そういう中で着実に経済発展すると思っている。２０１４年度は復帰以来、最高の有効求人倍率で、失業率も13、14年というのは18年ぶりに5％台になっている。まさに沖縄県はこうした特異性を生かしながら経済発展する。政府としても沖縄県としっかり連携しながら進めていきたい。

具体的な取り組みを強化するためにいわゆる沖縄振興計画というものがあるが、この期間中の間は

3千億円台の振興予算を確保する。安倍総理、閣議で発言している。ここはしっかりお約束は私どもは守っていきたいというふうに思う。

また沖縄県はこの2年間の間に観光客が120万人増えている。そして706万という史上最高、14年度は観光客が増えている。これもやはり県が中心となって一括交付金を活用して誘致活動をすると言っているので、私どももぜひ支援していきたいと思う。

またユニバーサル・スタジオ・ジャパン、これの沖縄誘致の件だが。半年ぐらい前から、政府として何としても沖縄という思いで取り組んできているのも事実だ。このことが決定すれば、沖縄県としては極めて大きなインパクトになると思う。ぜひ、県としっかりこれから連動しながら実現に向けて進めていきたいと思う。

そして観光客誘致1千万人を到達するためには、何と言っても第2滑走路の建設も大事だと思う。これについても1年半前倒しを決定している。15年度においても事業費330億円を計上しており、19年末の完成に向けて着々と進めていきたいと思う。

そういう中で観光とともにリーディング産業として育ってきているIT関連。これについてもすでに301社、そして2万5千人の雇用が出ている。こうしたことも、しっかり取り組んでいきたいと思う。

県がそういう一環の中で進めている航空関連事業の集積を図るために、国産ジェットの整備拠点を那覇空港に申請したいという強い要望がある。これも私が沖縄に来る前に、関係省庁集め、まさに防衛施設の移転を決定した。ここはしっかり実現したいと思う。

私たち政権としては、約束したことは必ずやると。

そういう思いの中で、一つひとつ負担軽減、そして沖縄県の皆さんと連携しながら経済政策を進めていって、信頼感を取り戻させていただいて、しっかりと取り組んでまいりたいと思うので、どうぞよろしくお願いしたい。

# 戦後 70 年
# 止めよう辺野古新基地建設！
# 沖縄県民大会

【2015 年 5月 17 日】

うちなーんちゅ　うしぇーてぇーないびらんどー
（沖縄人をないがしろにしてはいけませんよ）。

日米両政府に辺野古新基地建設断念を訴えるため、3万5千人（主催者発表）が結集した県民大会
＝ 2015 年5月 17 日午後、那覇市の沖縄セルラースタジアム那覇

# 新基地建設断念を、計画撤回を要求
# 3万5千人が結集　沖縄の民意、内外に訴え

【2015年5月18日 朝刊】

米軍普天間飛行場の名護市辺野古への移設阻止を訴える「戦後70年　止めよう辺野古新基地建設！　沖縄県民大会」（主催・同実行委員会）が5月17日、那覇市の野球場「沖縄セルラースタジアム那覇」で開かれ、主催者発表で約3万5千人が集まった。新基地建設阻止の大会決議を採択し、昨年の名護市長選、県知事選、衆院選などで相次いで示された新基地建設反対の民意をあらためて国内外に訴えた。

出席した翁長雄志知事は、辺野古移設が普天間返還の「唯一の解決策」とする政府に対し「阻止することが唯一の解決策だ」と強調。しまくとぅばで「沖縄人をないがしろにしてはいけない」と声を張り上げると、参加者が立ち上がって拍手を送った。

ことし夏ごろにも辺野古の埋め立て本体工事に着手しようとする政府に対し、知事を先頭に作業の中止と計画撤回を求める歴史的な大会となった。辺野古移設に反対する大規模な県民大会は2010年4月の読谷村での大会、オスプレイ配備と普天間の県内移設への反対を訴えた12年9

月の宜野湾市での大会に続き3回目。

17日の大会は、午後1時の開始前から参加者が続々とスタンド席を埋め、外野席や球場外も各地からの参加者であふれた。参加者は「辺野古新基地ノー」「われわれは屈しない」などと気勢を上げ、「普天間の閉鎖・撤去、辺野古新基地建設・県内移設の断念」を求める決議を拍手で採択した。

翁長知事は「あらゆる手法を用いて辺野古に新基地は造らせない」と重ねて表明。辺野古移設計画を推進する安倍政権に対し、「日本の政治の堕落だ。自国民に自由と人権、民主主義の価値観を保障できない国が世界と(同じ価値観を)共有できるのか。日米安保体制・同盟はもっと品格のある、冠たるものであってほしい」と批判した。

実行委員会は翁長知事を支える県議会与党や経済界有志、市民団体などで構成。25日に首相官邸や外務、防衛両省、在日米大使館を訪ね、決議文を提出する。

大会共同代表を務めた稲嶺進名護市長や平良朝敬島ぐるみ会議共同代表らは、27日からの翁長知事の訪米要請行動に同行し、米政府にも決議書を手渡すことを計画している。

【翁長知事　あいさつ】

# 自己決定権　この手に──沖縄から日本を変える

はいさい。ぐすーよーちゅううがなびら（皆さんこんにちは）。うちなー県知事ぬ、ぅながぬたけしやいびーん（沖縄県知事の翁長雄志です）、ゆたさるぐとぅうにげーさびら（よろしくおねがいします）。

新辺野古基地を造らせないということで、ご結集いただいた皆さん、こちらの方は見えないと思うが、外野席もいっぱいだ。３万人を超え、４万、５万と多くの県民が集まっていると思っている。

うんぐとぅあちさるなーか、うさきーなー、あちまてぃくぃみそーち、いっぺー、にふぇーでーびる（この暑さの中、これだけ多く集まっていただき、ありがとうございます）。まじゅんさーに、ちばらなやーさい（一緒に頑張っていきましょうね）。

私は多くの県民の負託を受けた知事として、県の有するあらゆる手法を用いて、辺野古に新基地は造らせない、この公約実現に向けて全力で取り組んでいくことをいま皆さま方にあらためて決意をする。

先月、私は安倍総理、菅官房長官と会談させていただいた。会談内容を国民の皆さまが注目することになり、ほとんどの中央メディアの世論調査で、平均して10％ほど多くの国民が反対との意思表示をやっていただいた。

本土と沖縄の理解が深まったことに大変意を強くしている。さらに辺野古基金においても本土からの支援が多く寄せられていると聞いており、心強い限りであり、ともどもにこの沖縄から日本を変えていきたい、こう決意をしているところだ。

しかし私が沖縄県の民意を伝えたにもかかわらず、日米首脳会談の共同会見で、安倍総理が普天間飛行場の危険性を辺野古建設によって一日も早く除去すると発言をされた。私は強い憤りを感じている。安倍総理は、日本を取り戻すと言っておられるが、私からすると、この日本を取り戻す中に、沖縄が入っているのかと強く申し上げたい。戦後レジームからの脱却とよく言っておられるが、沖縄に関しては戦後レジームの死守をしている。私はこう思っている。

沖縄の基地問題なくして、日本を取り戻すことはできない。日本の安全保障は日本国民全体で負担する気構えがなければ、沖縄1県にほとんど負担をさせておいて、日本の国を守ると言っても、仮想敵国から日本の覚悟のほどが見透かされ、抑止力からいってもどうだろうかなと思っている。

特に沖縄から見ると、日本が独立をし、沖縄が切り離されたサンフランシスコ講和条約の祝賀式典で万歳三唱をする姿を見ると、また同じ歴史が繰り返されることはないだろうかと、あるいはまた、ミサイル数発で沖縄が沈むことはないだろうかと、将来の子や孫が、また捨て石として犠牲にならないか、沖縄に

3万5千人の参加者を前に、あいさつをする翁長知事

責任を持つべき責任世代として、しっかりと見極めていかなければならない。

そして、これは強調しておかなければならない。政府は普天間基地の危険性の除去がこの問題の原点だと言っているが、沖縄から言わせると、さらなる原点は普天間基地が戦後、米軍に強制接収されたことだ。何回も確認する。沖縄は自ら基地を提供したことは一度もない。

普天間飛行場もそれ以外の基地も戦後、県民が収容所に収容されている間に接収をされ、また、居住場所をはじめ、銃剣とブルドーザーで強制接収をされ、基地建設がなされた。自ら土地を奪っておきながら、普天間飛行場が老朽化したから、世界一危険だから、辺野古が唯一の解決策だ。沖縄が負担しろ、嫌なら沖縄が代替案を出せ、こういうふうに言っているが、こんなことが、許されるだろうか。

私はこのことを日本の政治の堕落だと言っている。自国民に自由と人権、民主主義という価値観を保障できない国が、世界の国々とその価値観を共有できるのだろうか。日米安保体制、日米同盟というものはもっと品格のある、世界に冠たる、誇れるものであってほしいと思っている。

一方、2プラス2の発表には、世界一危険だと指摘されている、普天間飛行場の5年以内停止が明示されていない。普天間飛行場の5年以内の運用停止について、前知事は県民に対し、一国の総理および官房長官を含め、しっかりと言っている、それが最高の担保であると説明をしていた。

5年以内運用停止は前知事が埋め立て承認に至った大きな柱だ。しかし、米国側からは日米首脳会談でも言及することはなかった。5年以内運用停止は、辺野古埋め立て承認を得るための話のごちそう、話くゎっちー、空手形だったのではないかと私は危惧している。

今日までの70年間の歴史、いつも困難の壁がある時には必ず話のごちそう、話くゎっちーを沖縄県民にも国民にも聞かせて、そしてそれを乗り越えたら知らんぷりと、それが70年の沖縄の基地問題の実態だ。

私は安倍総理に伺った。ラムズフェルド元国防長官が13年前、普天間基地は世界一危険な基地だと発言し、菅官房長官もそのことを再三再四言う中で、辺野古が唯一の解決策だと言っている。辺野古基地ができない場合、本当に世界一危険な普天間基地は固定されるのでしょうか。こう総理に聞いたら返事がなかった。

しかし私は、自由と人権と民主主義の価値観を共有する国々との連帯を目指す日米同盟が、そんなことはできないと思っている。新辺野古基地の建設を阻止することが普天間基地を唯一、解決する政策だ。

中谷防衛大臣は、中国の脅威を説明し、数字を挙げ、新辺野古基地が唯一の解決策だと話をしていた。また、いかに現在が危機的な状況であるか、自衛隊の増強が必要で、沖縄がいかに安全保障にとって重要か、とくとくと説明をしていた。

しかし、考えてみると、とんでもないことだ。冷戦構造時代、あの時も大変だった。今も危機があると言っているが、あの積極的平和主義の中で、私たちは今、積極的平和主義の名の下に中東まで視野に入れながらこれから日米同盟が動くことを考えると、沖縄はいつまでこの世界の情勢に自らを投げ捨てなければいけないのか。私はこれについてしっかりと対処していきたいと思っている。

そして、安倍総理がふたつ、私に前に進んでいることを話していた。ひとつは嘉手納以南の着実な進展。それからもうひとつはオスプレイは全国に配備してありますよ。もう少しずつ良くなっていますよと話があった。

こういう話を聞くと、本土の方々は「なかなかやるじゃないか」と、「少し前に進んだんだな」と思っていると思う。しかし私は総理に申し上げた。総理がおっしゃるように普天間基地が新辺野古基地に移り、そして嘉手納以南が返ってきた場合、一体全体、何%基地が減るのか。これは73・8%が73・1%に、たったの0・7%しか減らない。

何でかというと、全部県内移設だからだ。外に持って行く話ではまったくない。これが本土の方々には分かっていない。「嘉手納以南をみんな返すぞ」ということで分かっていない。

それからオスプレイはあの森本元防衛相がこう述べていた。5年前、著書の中で平成24年に12機、平成25年に12機（が配備される）。「沖縄にオスプレイが配置されるだろう」と。見事に的中している。そしてその中に何が書いてあったかというと、新辺野古基地はオスプレイを100機以上持ってくるために設計はされている。これから全てオスプレイは向こうに置かれるんだということが、あの森本さんの著書の中に書いてある。

ですから今、本土で飛んでいるオスプレイも一定程度が過ぎたら、みんな沖縄に戻ってくる。これが私は日本の政治の堕落だということを申し上げている。

どうか、日本の国が独立は神話だと言われないように安倍総理、頑張ってください。

うちなーんちゅ　うしぇーてぇーないびらんどー（沖縄人をないがしろにしてはいけませんよ）。

## コラム

# 翁長知事の妻　座り込みに参加

翁長知事当選時の約束を市民らに披露する樹子さん（手前）＝ 2015 年 11 月7日、名護市辺野古

【2015年11月8日 朝刊】

新基地建設に反対する市民らが座り込みを続ける名護市辺野古の米軍キャンプ・シュワブゲート前に11月7日、翁長雄志知事の妻・樹子《みきこ》さんが訪れ、市民らを激励した。

樹子さんが辺野古を訪れたのは9月の県民集会以来、約2カ月ぶり。市民らの歓迎を受けてマイクを握り、翁長知事との当選時の約束を披露した。

「(夫は) 何が何でも辺野古に基地は造らせない。万策尽きたら夫婦で一緒に座り込むことを約束している」と語りかけると、拍手と歓声が沸き上がった。「まだまだ万策は尽きていない」とも付け加えた樹子さん。「世界の人も支援してくれている。これからも諦めず、心を一つに頑張ろう」と訴えた。

# スイス・ジュネーブ 国連人権理事会総会

【2015 年 9月 21 日】

沖縄の人々は自己決定権や人権をないがしろにされている。

沖縄の状況を「人権がないがしろにされている」と訴える翁長知事＝ 2015 年9月 21 日午後5時すぎ（日本時間 22 日午前0時すぎ）、スイス・ジュネーブの国連人権理事会総会

# 知事、国連で演説　国際世論へ訴え
# 新基地は「人権侵害」

【2015年9月22日 朝刊】

翁長雄志知事は9月21日午後5時すぎ（日本時間22日午前0時すぎ）、スイス・ジュネーブで開かれた国連人権理事会総会で演説し、日米両政府が進める名護市辺野古の新基地建設に県民が同意していないことを強調し、強行は人権侵害に当たり、あらゆる手段で阻止することを国際社会に訴えた。

さらに翁長知事は「沖縄の人々の自己決定権がないがしろにされている。辺野古の状況を世界から関心を持って見てほしい」と呼びかけた。

国連NGO市民外交センターの発言枠を譲り受け、日本の都道府県知事として国連人権理事会で初めて演説した翁長知事は、NGO枠に指定された発言の制限時間「2分」のうち「1分58秒」を使い切り、「戦後70年分」の思いを濃縮してぶつけた。

翁長知事は沖縄県民の過重な基地負担を放置するのは人権問題だと強調し、国内外の批判の高まりによって新基地計画を止めたい考えだ。

「沖縄の米軍基地は第2次世界大戦後、米軍に強制接収されてできた。沖縄が自ら望んで土地を提供したものではない」とも述べ、米軍普天間飛行場の返還条件として、県内に代替施設建設を求める日米両政府の不当性を主張した。

また、「沖縄は国土面積の0・6%しかないが、在日米軍専用施設の73・8%が存在する。戦後70年間、いまだに米軍基地から派生する事件・事故や環境問題が、県民生活に大きな影響を与えている」と強調した。その上で「沖縄の人々は自己決定権や人権をないがしろにされている」と訴えた。

翁長知事は昨年の県知事選や名護市長選、衆院選など県内主要選挙では辺野古新基地建設に反対する候補が勝利したことに触れ「私はあらゆる手段を使い新基地建設を止める覚悟だ」と述べ、建設を阻止する決意を表明した。

演説を前に、国連ビル内の国連欧州本部で開かれたシンポジウムで登壇した翁長知事は、さらにさかのぼって沖縄がたどってきた道のりを説明した。

## 【国連人権理事会　演説【日本語訳】

ありがとうございます、議長。

私は、日本国沖縄県の知事、翁長雄志です。

沖縄の人々の自己決定権がないがしろにされている辺野古の状況を、世界中から関心を持って見てください。

沖縄県内の米軍基地は、第二次世界大戦後、米軍に強制接収されて出来た基地です。沖縄が自ら望んで土地を提供したものではありません。

沖縄は日本国土の0・6％の面積しかありませんが、在日米軍専用施設の73・8％が存在しています。

戦後70年間、いまだ米軍基地から派生する事件・事故や環境問題が県民生活に大きな影響を与え続けています。

このように沖縄の人々は自己決定権や人権をないがしろにされています。

自国民の自由、平等、人権、民主主義、そういったものを守れない国が、どうして世界の国々とその価値観を共有できるのでしょうか。

日本政府は、昨年、沖縄で行われた全ての選挙で示された民意を一顧だにせず、美しい海を埋め立てて辺野古新基地建設作業を強行しようとしています。

私は、あらゆる手段を使って新基地建設を止める覚悟です。

今日はこのような説明の場がいただけたことを感謝しております。

ありがとうございました。

【国連シンポジウム　講演】

# 沖縄に基地を置く真犯人は誰なのか

ご紹介いただいた沖縄県知事の翁長雄志です。今回初めて国連人権理事会に参加し、皆さま方に沖縄で起きていることを紹介する。それは世界的な意味合いを持つんだということを今日は話したい。

いわゆる沖縄県にある世界一危険と言われている普天間基地。周辺は全部住宅街で、小学校、中学校、高校が基地のすぐそばにたくさんある。それ（普天間基地）を移転するというときに、今後はまた沖縄県が負担して、あの美しい海を埋め立てて、新しい基地を造っていくということで物事が進んでいる。

その中で、私ども沖縄県民の自由と平等と人権と民主主義が全く無視されている。自己決定権がないがしろにされていることが見えてくる。そこには絶滅危惧種のジュゴンがすんでいる。ウミガメ、そしてサンゴ礁の美しい海、ここが埋め立てられて基地になる。

世界からこの実情を見てもらい、この沖縄に新しい基地を造らさないという流れをつくっていきたいということで皆さんに話させていただく。

沖縄で世界的に恐らく知られていることといえば、空手だ。沖縄の文化でもあり、スポーツでもある空手は、世界で6千万人が愛好しているといわれている。その発祥の地が沖縄だ。ヨーロッパからも多くの空手マンが毎年、沖縄を訪れて交流している。

なおかつ、美しいサンゴの海とかつてアジアの国々との交流の中から出来上がった独特の文化がある。そういったことが多くの方々に受け入れられ、観光立県として沖縄は大きな成果を上げている。昨年、沖縄に来た観光客は720万人。そのうち100万人は外国から来ている。ことしは外国から140万人来るのではないかと思っている。

沖縄に城ができたり、国として成り立ってきたりしたのが600年前だ。日本や朝鮮や中国、東南アジアのタイやベトナム、フィリピンなどと交易して、私どもは独立国家、琉球王国として栄えてきた。

1800年代には、米国のペリー提督が日本の浦賀に行く前に琉球に来て琉米修好条約を結んだり、フランスやオランダと修好条約を結んだり、独立国としてしっかり外国と条約を結んできたが、1879年に日本国に併合された。

私たちには独自の言語があったが、使用を禁止された。良き日本人として頑張るようにと、日本語を勉強してきた。

それから、60、70年たった後、待ち受けていたのが70年前のあの第二次世界大戦。沖縄の戦争は本当に大変な地上戦で、20万人が亡くなった。

一番厳しかったのは、住民が日本軍隊と一緒になって逃げ惑ったということだ。沖縄ではまだまだ独自の言語を使う人が多く、言っている言葉が分からないと、スパイではないかと殺されもした。沖縄の人が墓や洞窟に逃げていても、日本軍がそこから出して立てこもることもあった。

沖縄の地上戦は70年たった今も一時も忘れられない。おじいちゃんやおばあちゃんから告げられた平和の大切さ、戦争の醜さ、人間の醜さを私どもは島全体で、体で感じたところだ。


戦争が終わると、米国軍が占領した。沖縄の人はほとんど、ふるさとから遠く離れた所に造られたプレハブなどの収容所に住まわされた。

その間に、米軍が普天間基地や世界的に有名な嘉手納基地などをある意味で強制接収した。沖縄の人がいない間に全部基地に変わっていた。

沖縄にある基地は県民がどうぞと差し出した基地は一つもない。全部、沖縄にある基地は強制接収されて今日まで使われてきている。

戦争が終わって7年目、1952年にはそれまで米国の占領下にあった日本が米国から独立するのと引き換えに、私ども琉球・沖縄を米軍の施政権下に差し出した。日本の国籍もない、米国の国籍もない。国会議員を出したり、日本国憲法の適用などがない、大変厳しい時代を27年間、過ごした。

米軍の施政権下では当然、治外法権、いわゆる無法地帯だ。私どもには主席や県議会や市議会もあったが、ほとんど自己決定権のないまま、米軍の高等弁務官が布令・布告を出して私どもを管理した。サンフランシスコ講和条約で切り離された後、1972年に日本に返るまで、私たちは大変過酷な自らのアイデンティティーを問われる人権問題があった。

それから60年以上たち、普天間基地が住宅街にあり危ない、老朽化しているということで何が起きたか。「沖縄県、もう一度お前たちがその基地を負担しろ。普天間を返してやるから新しい基地を差し出しなさい」ということで、今、あの大浦湾の美しい海を埋め立て、そしてそこに普天間の基地を移す。「人口の少ない所に移るから良いだろう」ということで今、起きているのがこの基地問題だ。

大変理不尽さを感じ、今、新辺野古基地を造らせないということで、先ほど、おじいちゃん、おばあちゃんが画面にも出ていたが、若い学生さんとか市民、県民が今向こうに集まり、新辺野古基地は造らせないということでやっている。

残念ながら日本政府はこれを一蹴し、工事をやり始めようとしている。基地ができたら米軍が使うわけだから、米軍も当事者であると私たちは思っている。

6月にワシントンDCに行き、上院議員や下院議員や国務省、国防総省の高官と会った。「日本の国内問題だ、日本政府に言いなさい」――そういう話だった。

日本に帰ってきて、私どもが外務大臣、防衛大臣にそういった話をすると、「後ろでアメリカがだめだと言っている」ということで私たちはたらい回しにされて、自己決定権や人権が他の都道府県の日本国民と全く違う形で、沖縄が今日まで推移している。

1972年に日本に復帰した後、基地が減るかと思ったら、日本本土にいる米軍が沖縄に移ってきた。沖縄には基本的に海兵隊はいなかったが、山梨県や岐阜県や岩国にいた海兵隊が沖縄に移ってきて、沖縄の基地はさらに倍加していった。

沖縄は日本の国に返ったにもかかわらず、基地問題は何ら解決しない状況だ。

きょう国連の人権理事会で話す前に、東京でイギリスとドイツとフランスのメディアのインタビューを受けてきた。その中で質問があった。

沖縄県民の「自己決定権」を訴える国連演説前に、英文の原稿を念入りに読み込む翁長知事（右）＝ 2015 年9月 21 日、スイスジュネーブの国際連合欧州本部

「知事、あなたは一体誰にこのことを伝えようとしているんですか。日本政府か、アメリカ政府か」

考えてみると、私たち沖縄県は自己決定権を蹂躙《じゅうりん》されてきた。沖縄県が小さな国で、武力もなく平和であったということ自体が基地問題の原因なのか。

日本政府が日本全体でこのことを考えるというようなことがやりきれない、そういう日本政府の責任なのか。米軍が使う基地であるにもかかわらず、私は当事者ではないと言って知らんふりを決め込むあのアメリカが、私たちの沖縄に基地を置いている人なのか。あるいは人類の英知の限界がそこにあるのか。

これから行われる辺野古基地がどのように建設されるか、私たちがどのように止めるか、日本の民主主義は一体どうなっているのか、アメリカの民主主義はどうなっているのかをぜひとも皆さま方にぜひ見てもらいたい。

そして、沖縄に基地を置く基地問題の真犯人は一体誰なんだということを、世界中でぜひとも謎解きしてもらいたい。

沖縄の現状というものに関心を持ってほしい。そして、私たちの沖縄が子や孫のために誇りをもって生きていけるようなことを皆さんに助言してもらえるようお願いする。

ありがとうございます。

# 前知事の名護市辺野古の埋め立て承認取り消し

【2015 年 10 月 13 日】

沖縄県の歴史的な流れ、現在の沖縄の過重な基地負担。こういったことがしっかりと多くの県民や国民の前で議論されるところに意味がある。

記者会見で名護市辺野古の埋め立て承認の取り消しを発表し、「今後も辺野古に新基地は造らせないという公約の実現に全力で取り組む」と述べる翁長知事＝ 2015 年 10 月 13 日午前 10 時すぎ、沖縄県庁

# 知事、承認取り消し　国、埋め立て根拠失う

# 国、効力停止申請　県は法廷闘争を視野

【２０１５年10月14日 朝刊】

翁長雄志知事は10月13日、米軍普天間飛行場の移設に伴う名護市辺野古の埋め立て承認を取り消した。取り消しで辺野古新基地建設作業の法的根拠が失われ、防衛局は作業を停止した。

一方、中谷元・防衛相は同日の記者会見で、「誠に残念。承認に瑕疵《かし》はない」と述べた上で、承認取り消しの無効化を求める審査請求と、その裁決まで取り消しの効果を止める「執行停止」を国土交通相に「速やかに行う」と表明した。

防衛局は14日に申請する段取り。国交相は1～2週間で取り消しを執行停止する可能性がある。その場合、国は工事を再開できるため、県と政府は最終的に取り消しの有効性をめぐり法廷闘争に入る可能性が高く、移設問題は重大な局面を迎えた。

13日午前10時に、沖縄県庁で記者会見した翁長知事は、２０１３年12月に仲井真弘多前知事が行った埋め立て承認について、「第三者委員会の検証結果と防衛局への聴聞内容を十分検討した結果、取り消しが相当だと判断した」と表明した。

その上で「今後も新基地を造らせないという公約の実現に全力で取り組む」と述べ、「戦後70年の在り方や沖縄の過重な基地負担が議論されることを望む。法律的にも大変大きな権力を相手にしている。日本の地方自治、民主主義の観点でも、国民全体で考えてほしい」と語った。

## 【翁長知事会見　一問一答】

# 理不尽な工事　新基地は造れない

――埋め立て承認を正式に取り消した。率直な感想と受け止めを聞かせてほしい。

「知事就任から約10カ月、この問題は多くの県民や国民に見ていただきながら今日まで来たような感じがしている。前半はなかなか交渉すらできなかったが、4月ごろから閣僚と意見交換できるようになって、なおかつ1カ月間、集中協議でいろんな閣僚と議論することもあった。なかなか意見が一致せず、集中協議が終わったら工事再開するということだったので、取り消しの手続きを開始して本日、承認に対する取り消しを行ったところだ」



前知事の名護市辺野古の埋め立て承認取り消し

「思い返しても、なかなか沖縄の考え方、思い、そして今日までのいろんなことをご理解いただけるようなものがなかったような感じがしている。これからこういった裁判を意識したことが始まっていく。いろんな場面で私たちの考え方を申し上げて、多くの県民や国民、そして法的な意味でも政治的な意味でもご理解いただけるようなそういう努力を今日からあらためて出発していこうという気持ちだ」

――承認の取り消しに至った理由について知事から説明してほしい。

「4年前（の知事選で）、県外移設を公約して当選した知事が埋め立てを承認してしまった。私自身からすると、そのこと自体が容認できなかったわけだが、法律的な瑕疵《かし》があるのではないかと。それは客観的、中立的に判断していただいて、そういった方々がどのように判断していただけるかということで、環境面から3人、法律的な側面から3人の、計6人の委員にことし1月26日、お願いした。そして、7月16日に法律的な瑕疵があったと報告された。大変詳しく説明があった。私どももそれを検証した結果、法律的な瑕疵があると、県としても判断した。そういったことをベースにしながら、このような形で取り消しに至った」

――政府は即座に対抗措置を取るとみられる。県としてどう対応するか。

「法的な対応措置はいくつか考えられる。それを一つひとつ想定して説明するのは今この場所ではふさわしくないと思う。法律的な意味でも政治的な意味でも、県民国民がご理解いただけるようなことをしっかりと沖縄側の主張をしていきたい」

——沖縄防衛局は意見聴取には応じず、聴聞では陳述書を出したが、出席しなかった。

あらためて今回の対応をどう思うか。

「集中協議のころから、溝が埋まるようなものが全くない状況だった。その1カ月間の集中協議の中でも、私どものいろんな思いを話させていただいたが、一つ議論がちょっとかみ合ったのは、防衛大臣との抑止力の問題だけで、それ以外は、閣僚側から意見というか反論はなかった」

「沖縄県民に寄り添い、県民の心を大切にしながらこの問題を解決する姿勢や気持ちがあの集中協議の中でもなかったわけだが、今回、取り消しの中で意見聴取あるいは聴聞の期日を設けてやったが、応じていただけなかった。陳述書は出してもらったが、聴聞には応じてもらえなかったことを考えると、防衛局の姿勢というより、やはり内閣の姿勢として、沖縄県民に寄り添ってこの問題を解決していきたいとの姿勢が大変薄いのではないかと感じるので、私どももあらためて協議の中から意見を申し上げたいとも思うし、あるいは広く県民、国民、あるいは米国や国際社会に訴える中でこの問題が解決していければいいと思う」

――取り消しの歴史的意義をどう考えるか。私人と同じ立場として審査請求しようとする政府の動きをどう捉えるか。

「今回、承認取り消しに至るわけだが、これは沖縄県の歴史的な流れあるいは戦後70年の在り方、そして現在の沖縄の過重な基地負担、0・6％に74％という過重な基地負担、こういったことなどがまずしっかりと多くの県民や国民の前で議論されることに意義があると思う」

「もう一つは日本国民全体からしても地方自治体が国に追い詰められると。私たちからすれば、日米両政府は大変大きな権力を持っているし、法律的な意味合いから言っても、大変大きな権力を相手にしているという感じがしている」

「基地問題は沖縄が中心的な課題を背負っているわけだが、これから日本という国全体として一県またはある地域に、こういったことが起きた時の日本の将来の在り方について多くの国民に見てもらえるのではないかと思っている。一義的に沖縄の基地問題あるいは歴史等々を含めたことだが、日本の民主主義というものに対して、国民全体が考えているとなればいいのかなと思っている」

「法律的な面は、私がここで答えると間違ってもいけないが、ただ、今日までよく言われていることに対する質問なのでお答えしたいと思う。私人として、国が訴えるというのは、私たちからすれば、条文上、それはできないだろうと思っている。それから、国が同じ国の中で、そういったものに判断を下すというものも、国と地方自治としても、いろんな意味合いからしても、多くの方が疑問に思うのだろうと思う」

——日米安保とその負担の在り方について、本土の多くの国民に何を分かってほしいか。

「この1年といってもいいし、この数十年といってもいいが、0・6％の面積に74％という過重な負担を沖縄は負わされてきた。なおかつ、戦後の二十数年、日本国から切り離されて、日本人でもなくアメリカ人でもなく、法的に守られるものもなにもないまま過ごした時期もあった。そういった中で、沖縄は何を果たしてきたかというと。私が自負もあるし、無念さもあるというのは、日本の戦後の平和、あるいは高度経済成長、そういったこと等を、安全保障とともに、沖縄が保障をしてきたというような部分が大変多大だと思っている。その中で、沖縄県民の人権や自由や平等、民主主義が認められるようなところがなかったということがある」

「これはひとえに、沖縄一県に抑止力を含め、基地の問題は閉じ込められて、本土の方々に理解してもらえなかったことがあるかと思うので、私は昨年の選挙では『日本国民全体で日本の安全保障は考えてもらいたい』ということを強く訴えた。そして一県だけに、安全保障を押し付けるということそのものが日本の安全保障にとっては大変に心もとない。やっぱり日本全体で安全保障を考えるという気概がなければ、日本という国が、おそらく他の国からも理解されないだろう、尊敬されないだろうという話もしてきた。大変国民の理解も得にくいところだったが、この1年間、多くの方がいろんな角度から、この問題を県民や国民に提示していただいたところ、世論調査のほとんどで『まずは辺野古には基地を造ってはいけない』と本土の方々の理解が進んできた。パーセンテージはまちまちだが、ほぼ10％近く、そういう方々が増えたのはこの1年間で私どもが主張してきたことが、理解いただけるような入り口に入ってきたなということで、大変心強い感じがしている」

「きょうの記者会見もそうだが、これからもいろんな場所でお知らせして、沖縄問題もさることながら、地方自治の在り方、そして日本の国の民主主義あるいは最近、中央集権みたいな格好になってきたのでこういったことの危険性、日常から非日常に紙一重で変わる一瞬のものを、変わらないところで止めきれるかどうか。過去の歴史からいうと、変わってしまってからでは大変厳しいことになろうかと思うので、そういったことも含めてみんなで議論していけるような、沖縄の基地問題がそういったものに提示できればありがたいなと思っている」

――日本国全体で普天間をどうしてほしいと思っているか。

「普天間飛行場の原点は、戦後、県民が収容所に入れられている間に、強制接収されたものだ。それ以外の基地も全て強制接収されたわけで、沖縄県民自ら差し出した基地は一つもありませんよという話を官房長官にさせていただいた。だから、一義的には普天間の危険性を除去するときに、辺野古に移すということは、自分で土地を奪っておきながら、また代わりのものも沖縄に差し出せという理不尽な話が通るかというのが、一つ大きなものがある。それからもう一つは、辺野古という大浦湾というこの美しいサンゴ礁の海、ジュゴン、ウミガメがいるようなところを、こうも簡単に埋めてよいのかということも含めて国民の皆さんにご理解いただきたいと思っている」

――島尻安伊子沖縄担当相は最初の会見で「辺野古移設をなんとしても進めなければならない」と言った。知事はどうコメントするか。

「沖縄問題は大変言葉遣いに気を使うところであり、一昨年の前知事の承認についても話をするのは大変はばかられるものがある。島尻安伊子参議院議員が今回、沖縄担当大臣になったのも、やっぱり県民にとってもいろんな思いがあろうかと思う。そして、沖縄県はこの基地問題も含めて、できるだけ多くの方々を包含して。よく私たちは日本政府と対立をしていると言われるが、意見を言うことそのものが対立と見られるところに、日本の民主主義の貧弱さがあると思う。ほかの都道府県で国に物申したときには対立とか、独立とか言われないのに、沖縄の場合にはそれも言われる」

「私が去年の選挙で『オール沖縄』あるいは『イデオロギーよりもアイデンティティー』と、より多くの人が100％自分の考え方を主張すると言うよりも一定の水準というかあるいは一つの目的というか、そういうもので心を一つにしてやっていこうというようなものが今日の翁長県政のベースになっている。そういうことからしても、政府のやることに対して、私もいろんな思いはある。思いはあるが、就任された中から、またあらためて、沖縄の将来を目指して、一つひとつ頑張っていくというようなことで、また多くの県民国民に理解を得ていきたいなと思っている」

——法廷闘争は結論が出るまでに長い時間がかかり、工事が進んでしまえば施設自体の既成事実化が進む。法廷闘争の限界についてどう考えるか。

「法廷闘争についても、政府を相手にするわけで、そう簡単じゃないということだけはよく分かる。そして工事を再開して、埋め立てをどういう状況で進めるかは分からないが、いずれにせよそういうことがあったとしても、新辺野古基地は造れないだろうと私は思っている。今回、国連でも訴えさせてもらった。本当に今、世界のメディアも注目してもらえるような状況になっている。国内で先ほど申し上げたように

10ポイント程度、基地を造っちゃいかんという風な考え方に変わってきたところがある。これから、あそこの現場は、本当に戦争を体験した方か、それに近い世代があんな遠い所に、不自由な所に毎日、1年以上も通っている。そういった所で、理不尽な工事をすることの難しさは大変だと思う」

「それから沖縄県と名護市も決意をもってこのことに当たっている。そういったことをもろもろ考えたら、（辺野古新基地は）10年間でできると言っているが、本当はできるまでの10年間、普天間をそのままにしておくこと自体がもう固定化だ。これはとんでもない話だ。あそこに順調に造った場合には普天間の危険性は除去していくというような話があるが、そうではなくて、普通に言っても10年間は固定化するという話。これを防ぐという意味では、5年間の運用停止を前知事に約束して、そして5年間では空を飛ぶものがないようなものの状態にするということが、いわゆる普天間の危険性の除去ということだと思うが、それすらもアメリカ政府から反対されて、なおかつ今一歩も動かないということからすると、多くの国民と県民の皆さん方にご理解いただきたいのは、10年間そのままにするというのは固定化ではないのかどうか。これもよく考えてほしい。万が一、15年に延びていったら15年間固定化だ。そして、それ（辺野古新基地）がもしできるようなことがあったら、２００年間、沖縄のそこに国有地として、私たちの手の及ばないところで、縦横無尽にこの１６１ヘクタールを中心としたキャンプ・シュワブの基地が永久的に沖縄に国の権限として出てくるようなところがある。普天間の固定化を避けるということでも重要な意味があるが、今度はもう一つ、向こう200年にわたって、沖縄県民の意思とは関係なくそこに大きな基地ができあがり、それが自由自在に使われるようになる。中国の脅威が取り沙汰されているが、200年間、そういった脅威は取り除かれないというような認識で、そういうことをやっているのかどうか」

「そして、今日までの70年間の基地の置かれ方について　どのように反省しているのか。それから日本国民全体で考えることができなかったことについて、どのように考えているのか。中谷防衛大臣と話したときに、こういうことでおわびの言葉もありました。『今はまだ整っていないから、沖縄が受けるしかないんですよ』と。『よろしくお願いします』という話をされていたが、私はこう申し上げた。他にもたくさんの人が聞いている所で申し上げましたので、『おそらく20～30年後の防衛大臣も同じ話をしていると思う』と。私はそのように話をさせていただいた。こういったこと等を踏まえると、沖縄というものの置かれているものがよくご理解いただけるのではないかなと思っている」

――知事が移設阻止の手段を講じるたびに、東京では「移設は進まなくなる。責任は翁長知事にある」と吹聴される。責任の所在についてどう考えるか。

「私はまさしくそれが日本の政治の堕落だと言っている。私に外交権があるわけじゃあるまいし。沖縄県知事は当選したら教育や福祉や環境は捨ておいて、年中、上京して、他の市町村や知事に『頼むから受

翁長知事質疑、一問一答

けてちょうだいよ』と。『沖縄こんなに大変なんだよ』と言って歩くのが沖縄県知事の責務になるのかどうか。こういったことを踏まえて考えると、日本政府の方からこういう話をされるというのはまさしく日本の政治の堕落である上に、自分の意思で日本の政治を動かしているのかどうかということさえ、日本政府は試されている」

「日米地位協定も日米安保も含めて、こういった基地の提供というものについて、日本政府が、本当に自主的に物事を判断しながらアジアのリーダーになろうとしているのか、世界のリーダーになろうとしているのか。あるいは日米安保が自由と平等と人権と民主主義を共通して持っている国々が連帯するようなものをつくり上げようとしているわけだから、そういったことについて自国の県民にさえできないような政府が、私はこの日米安保、もっと品格のあるようなものにしてもらいたいという風に思っているので、それから言うと、大変残念なことだ」

「品格のある、民主主義国家としても成熟した日本になって初めて、アジア、世界に飛び出ていける。沖縄の役割も日本とアジアの懸け橋として、アジアの中心にある沖縄の特性を生かして、そういった意味での平和の緩衝地帯というようなことも数十年後には考えながら、沖縄の未来を語りたいにもかかわらず、ただの領土として、基地の要塞《ようさい》としてしか見ないようなものの中で、アジアの展開があるのかどうか。日本の展開があるのかということは、あれだけの権力を持っていながら、沖縄が邪魔するから（基地建設が）できないんだというような、姑息《こそく》な言葉を流すというのは、私からすると、やはり日本の政治の堕落だと言わざるを得ないと思う」

——来年は宜野湾市長選や参院選、県議選など普天間問題が争点になりそうな選挙が続く。取り消しが与える影響についてどう思うか。

「今回の取り消しというよりは、これから節目節目でいろんなことが起きると思う。事の本質が県民にも理解いただけると思うし、国民あるいは世界の方々に、ご理解いただけると思うので、一つひとつの選挙の節目節目で、そういったものが、チェックされていくのではないかと思っている」

# 米軍属による
# 女性暴行殺人事件

【2016 年 5月 20 日】

基地があるがゆえの事件が起きてしまった。憤りもさることながら今日までのいきさつを考えると言葉が出てこない。

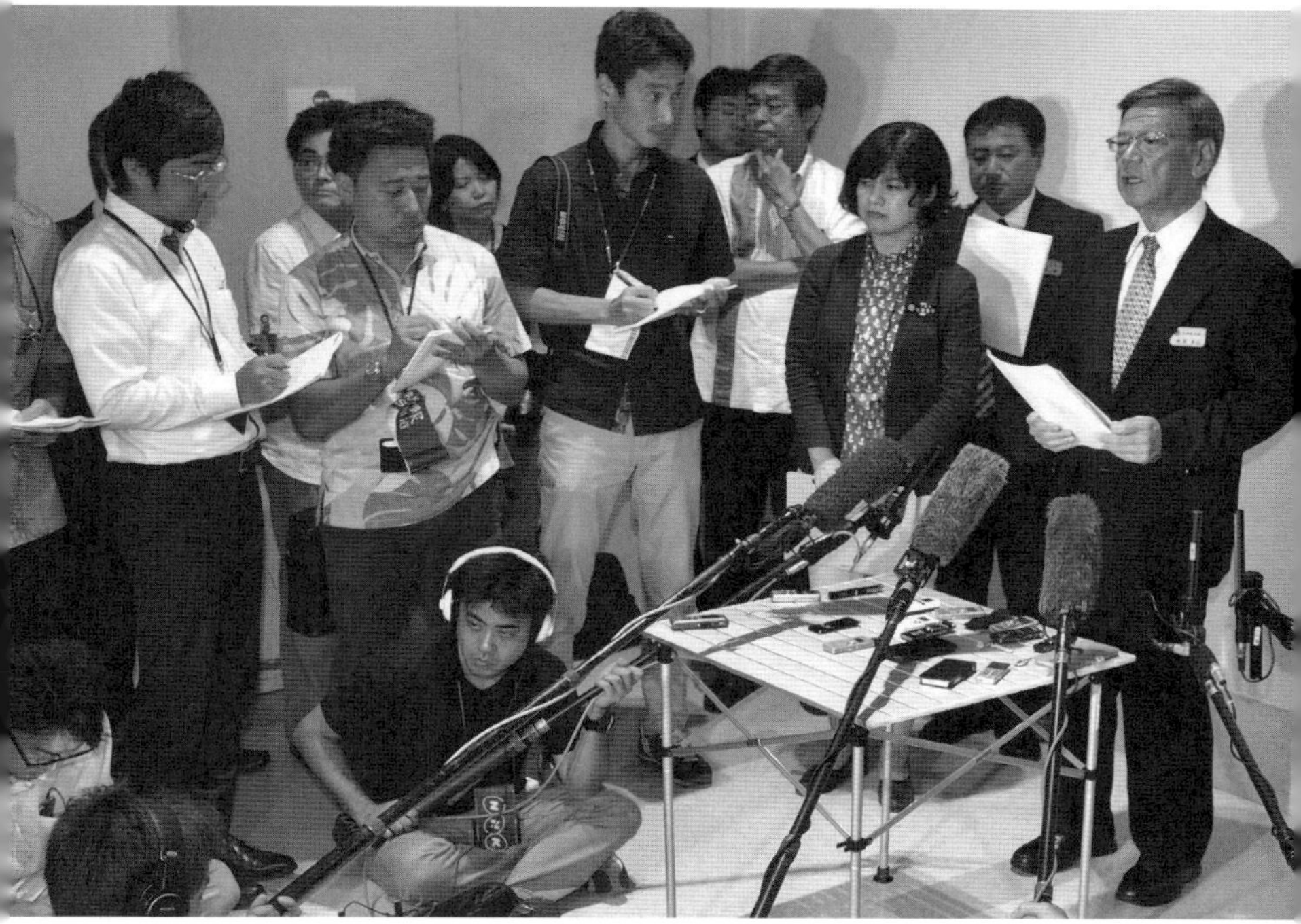

記者の質問に答える翁長雄志知事（右端）＝ 2016 年5月 20 日午後8時 50 分ごろ、那覇空港国際線旅客ターミナル

## 「乱暴目的」と容疑者、供述

# 米軍属「首を絞め、刃物で刺した」

【2016年5月21日 朝刊】

米軍属女性死体遺棄事件で、死体遺棄容疑で逮捕された元米海兵隊員のシンザト・ケネス・フランクリン容疑者（32歳）が、「乱暴しようと思った。首を絞め刃物で刺した」などと供述していることが5月20日、捜査関係者への取材で分かった。

捜査関係者によると、遺体発見時に身に着けていた衣服に刃物で刺したような穴が空いていたという。県警はシンザト容疑者が女性暴行目的で女性に接触したとみて、強姦致死容疑や殺人容疑での立件も視野に捜査を進めている。

県警は同日、シンザト容疑者を死体遺棄容疑で那覇地検へ送検した。女性の遺体を司法解剖したが、死後約3週間が経過しており、死因の特定には至らなかった。

捜査関係者によると、シンザト容疑者が任意提出した車の中に、女性のものとみられる血痕が少量付着していた。

女性が持っていたスマートフォンや鍵、履いていた靴は見つかっていない。

女性のスマホの発信記録は、うるま市州崎周辺で4月29日午前2時40分ごろに途絶えている。同居中の交際相手が同日午前1時58分に、無料通信アプリＬＩＮＥ（ライン）で「今から帰る」と送信すると、女性のスマホで既読となったが返信はなかった。県警は同容疑者が死体を遺棄した後、女性のスマホを操作し交際相手の送信を既読にしてから投棄した可能性があるとみて捜査している。

県警によるとシンザト容疑者は、基地内でインターネット通信事業を手掛ける会社に勤めていた。同容疑者は米軍属で、米兵と軍属の保護などを定めている日米地位協定で保護される権利を有しているが、今回の事件を巡っては、①公務外の犯行、②基地外に居住し、日本側当局が先に身柄を確保した――などの条件が重なり、起訴前の身柄の引き渡しなど、地位協定を巡る問題は生じていない。

接見した弁護士などによると、シンザト容疑者は米ニューヨーク州出身という。

## 【翁長知事　記者会見】

# 怒り、憤りと同時に、やるせなさ

「米軍属を被疑者とする死体遺棄事件に関し、お亡くなりになった島袋里奈さんのご冥福をお祈りするとともに、ご遺族に対し、心から哀悼の意を表する。かかる非人間的な事件が発生したことは基地と隣り合わせの生活を余儀なくされている県民に大きな衝撃を与え、新たな不安を招くものであり断じて許されるものではない。

将来への大きな夢を抱き、社会の一員として地道に努力している若者の尊い命を奪う事件は実に痛ましいものであり、本人や家族の無念さを思うと、心が本当に痛む思いだ。

本件に対し、本日、水上大使、井上沖縄防衛局長、ニコルソン四軍調整官、エレンライク在沖米国総領事が県庁で安慶田副知事と面談し、おわびしたことは聞いている。繰り返し、綱紀粛正および人権教育の徹底を含め再発防止について万全を期すよう強く要請してきたが、またもやこのような事件が発生したことについて、激しい怒りを禁じ得ない。

被疑者が被害者を殺害したことを認める供述をしたとの報道もあるが、今後も捜査の進展を踏まえつつ、厳しく対処していくとともに、遺族の方の心情や意向にも十分配慮し、適切に対応していきたいと考えている」

――米軍属を容疑者とした犯罪が起きたことについて、どのように感じるか。

「大変憤りというか、やるせなさだ。これまで何十年にわたって、まったく前に進まない。防衛局に言っても、沖縄大使に言っても、日本政府が当事者能力を持たず、ただ『アメリカに伝えます』ということだけで何十年間も過ごしてきて。

事件、事故があった場合には四軍調整官や総領事が謝りに来ることが何年に一回かあるにしても、事態が全く前に進まない。そういったものもよく考えるので、怒りと同時にやるせなさ。この問題をどう本当に解決していくかという思いがある。

私も21歳の娘がいる。人生を語り、夢を語りながらやっている。きっと里奈さんにも夢と希望、ご家族の関係もあったと思う。

ああいう理不尽な形でお亡くなりになったことに関し、私は県知事として、県民の生命と財産をしっかり守って、将来の子や孫の幸せというものを、どこの誰よりも考えていかないといけないという立場からすると、仮に数十年後に沖縄がまた戦場になりはしないか。あるいは県民はそういう状況にさらされて、日本を守る安全保障とは何なんだろうか、と。

日本国民が等しくそういう立場に立つのであれば、同じ日本国民としてそれを受け止めることは私としてはあるが。しかし今のような状況はとても容認することができないので、あらためて私の方でしっかりと伝えていきたい」

――県政与党や市民団体から県内の全基地を撤去するよう求める声が強まっている。知事の受け止めは。

「私の怒りとやるせなさは県民が等しく感じているところだと思っている。そういう思いを持つというのは、私からしても理解できるところだが、この問題はご家族のこととかいろいろ視野に入れてやっていかなければならない部分もあると思う。

全部（撤去）かということについては県民の思いを一つにするようなものの中で、見通しを立てながら頑張っていくべきだと思う」

――事態を踏まえ、日米両政府にどういったことを求めていくか。

「求めていきたいというのは、今現実的に課題となっているのは普天間の県外移設だ。美しい海を埋め立てて、なおかつ県民自ら一度たりとも基地として土地を提供したことがない中で、基地問題に対して言える、私たちのささやかな自己決定権が国有地になり、地方自治の範囲からも外れてしまう。これは大変ゆゆしい問題だと思う。個別のものも大変重要な課題としてある。

やはり今日までの出来事の中での一番大きいのは日米地位協定の改定ではないかな、と。私自身は政治に関わったものとしてはあるが、この壁ぐらい厳しいんだということで、いかにはねつけられたかということは私がよく分かる。政治家になって30年、そういったものに関われるようになって20年以上になるので、その中で一番厚い壁が日米地位協定の改定だ。

だから、この件はやはり強く今回、申し上げることになると思う。これは米国にも話をしないといけないだろうと思う」

――事件の背景に、日米地位協定の不平等性があると考えるか。

「日米地位協定による壁は今回の事件では薄かったと思うが。ただ、今日までのいきさつの中で、私たちは何十年にわたって、無罪になったり、手の届かない所に行ったりとか。そういった中で日本の安全保障を74%も負担しながら。

本土の人からすると、日米地位協定の不平等性を感じる機会がないんじゃないか。感じる機会が無い人たちに、改定のことを言ってもピンと来ない。ピンと来ない人たちに私たちが怒りを込めて話をすると『何をそんなに怒っているの?』というような形で乖離《かいり》の問題は沖縄が抱えるジレンマだ。私はそれを〈魂の飢餓感〉と言ったが、このすれ違いに終わる部分をどのようにしたら埋めていけるか、真剣に一つずつ前に進めていかないといけないないなと思っている」

――県民大会を開くという動きが出てきている。出席の意向は。

「今、何も前に進んでない中で、それの取り組み具合とか、あるいは本当に動き出すのかが分からない中で話はしにくい。

遺族の方々とのお気持ち等々と表し方について、いろいろあろうかと思う。進めようとするならば、十分配慮してやっていく。今日まで私もいろんな大会に出てきているので、推移を見守りながら判断したい」

# 米軍属女性暴行殺人事件に抗議する沖縄県民大会

【2016 年 6 月 19 日】

政府は県民の怒りが限界に達しつつあり、これ以上の基地負担に県民の犠牲は許されないことを理解すべきだ。

「怒りは限界を超えた」のプラカードを掲げ米軍属女性暴行殺人事件に抗議し被害者を追悼する県民大会の参加者ら＝ 2016 年6月 19 日午後3時 18 分、那覇市の奥武山陸上競技場

# 被害者を追悼　怒り、悲しみ限界
# 6万5千人結集「海兵隊撤退」を決議

【2016年6月20日 朝刊】

米軍属女性暴行殺人事件に抗議する「元海兵隊員による残虐な蛮行を糾弾！ 被害者を追悼し、沖縄から海兵隊の撤退を求める県民大会」（主催・辺野古新基地を造らせないオール沖縄会議）が6月19日、那覇市の奥武山陸上競技場で開かれ、主催者発表で6万5千人が集まった。

採択された大会決議は、繰り返される米軍関係の犯罪や事故に対する県民の怒りと悲しみは限界を超えていると指摘。日米両政府が事件のたびに繰り返す「綱紀粛正」「再発防止」には実効性がないと反発し、県民の人権と命を守るためには、米軍基地の大幅な整理縮小、中でも海兵隊の撤退は急務だと訴えた。

決議は要求として日米両政府に、①遺族、県民への謝罪と完全な補償、②在沖米海兵隊の撤退、米軍基地の大幅な整理・縮小、県内移設によらない普天間飛行場の閉鎖・撤去、③日米地位協定の抜本的改定――を挙げた。

黙とうで始まった大会は追悼のトーンで貫かれ、参加者は被害者、遺族の無念をあらためて思い起こし、深い悲しみに包まれた。米軍関係の犯罪が起こるたびに日米両政府がおざなりな対応に終始し、特権的な取り扱いを認めた日米地位協定が米軍事件の元凶とされているにもかかわらず、改定に踏み込まないことに対する怒りも広がった。

登壇者らは事件や被害者を忘れず、真に平和な沖縄の実現を目指そうと訴え、「(被害者が) 奪われた時間の分、私たちはウチナーンチュとして、一人の市民として誇り高く責任を持って生きていこう」(玉城愛共同代表) と決意を述べた。若者らの声への共感が会場内に広がった。

翁長雄志知事は、「政府は県民の怒りが限界に達しつつあること。これ以上の基地負担に県民の犠牲は許されないことを理解すべきだ」と述べ、「地位協定の抜本的な見直し、海兵隊の撤退・削減を含む基地の整理縮小、新辺野古基地建設阻止に取り組んでいく不退転の決意をここに表明する」と誓った。

県民大会に呼応し、全国各地でも数百人から約1万人(いずれも主催者発表)が参加した集会が開かれた。県民大会の事務局によると、41都道府県69カ所で開催されたという。翁長知事は降壇後、大会について「沖縄の置かれている環境を一人ひとりが心配し、悲しみと怒りが結集した」と評した。

## 【翁長知事　あいさつ】

# 怒りは限界を超えた

はいさい。ぐすーよーちゅううがなびら。炎天下の中、県民の皆さんが結集いただいたことを心から感謝申し上げる。今回の事件によって、お亡くなりになった被害者のご冥福をお祈りするとともに、ご遺族に対し心から哀悼の意を表する。そして、このような非人間的で女性の人権をじゅうりんする極めて卑劣な犯罪は断じて許せるものではなく、強い憤りを感じている。

先日、被害者が遺棄された場所に花を手向け、手を合わせてきた。心の底から「あなたを守ってあげることができなくてごめんなさい」という言葉が出てきた。21年前のあの痛ましい事件を受けての県民大会で二度とこのような事故を繰り返さないと誓いながら、政治の仕組みを変えることができなかったことは政治家として、知事として痛恨の極みであり、大変申し訳なく思っている。

先月、安倍（晋三）首相にこの事件について抗議した際、県知事として県民の生命と財産、尊厳と人権、そして将来の子孫の安心と安全を守るために日米地位協定の見直しを強く要望し、運用改善による対応で

あいさつする翁長知事＝ 2016 年6月 19 日午後、那覇市の奥武山陸上競技場

は限界であることを県民は等しく認識していることを伝えた。このような凶悪事件が継続して発生したことは広大な米軍基地がある故であることもあらためて強く申し上げた。

しかしながら、非人間的で凶悪な事件が明るみに出た直後の日米首脳会談であったにもかかわらず、安倍首相は日米地位協定の見直しに言及せず、辺野古移設が唯一の解決策であると言っている。この問題を解決しようとする先にいかに大きな壁が立ちはだかっているか、私たちは思いをいたさないといけない。

私たちは心を一つにして、強い意思と誇りを持ってこの壁を突き崩していかなければならない。今日の日をあらためての決意の日にして、全力で頑張っていこうではないか。

さらに安倍首相には沖縄は戦後、米軍施政権下で当時の高等弁務官から「沖縄の自治は神話である」と言われたこと。総理は常々日本を取り戻すと言っているが、この中に沖縄は入っているのか。現在の日米地位協定の下では、米国から「日本の独立は神話である」と言われているような強い思いを感じていることを伝えた。

昨年に引き続き、ワシントンDCに行き、辺野古新基地建設が環境問題を含め大変厳しいことを連邦議会や有識者会議、米国の副大統領や駐日大使を務めたモンデール氏に訴え、しっかり説明した。米国で会った方々もこの1年間工事がストップしていること、裁判の和解勧告でも国に対して厳しい判断が下されていること、安倍首相がオバマ大統領に急がば回れと説明したことにも注目していて懸念していた。

数日前には有識者会議のメンバーが辺野古唯一では問題が解決しないこと、それでなくても抑止力や地政学上の問題はクリアできることを提言している。少しずつではあるが、着実に前に進んでいることを感じている。

安倍首相や菅（義偉）官房長官は「普天間飛行場は世界一危険だ」と何度も言及しているが、私が「本当に新辺野古基地ができなければ、世界一危険な普天間飛行場を固定できるのか」と何回も問いかけたが、一言も発することはなかった。

政府が普天間飛行場周辺住民の生命、財産を守ることを優先にするならば、辺野古移設の進捗《しんちょく》にかかわりなく、残り3年を切った普天間飛行場の「5年以内運用停止」を実現すべきであり、政府には普天間飛行場の固定化を絶対に避け、積極的に県外移設に取り組むよう強く要望する。

政府は県民の怒りが限界に達しつつあること、これ以上の基地負担に県民の犠牲は許されないことを理解すべきだ。私は県民の生命と財産、尊厳と人権、そして将来の子や孫の安心や安全を守るべき知事としてこのような事件が二度と起きないよう県民の先頭に立って、日米地位協定の抜本的な見直し、海兵隊の撤退・削減を含む基地の整理縮小、新辺野古基地建設阻止に取り組んでいく不退転の決意をここに表明し、私のあいさつとする。

ぐすーよー、まきてぇーないびらんどー（皆さん、負けてはいけませんよ）。わったーうちなーんちゅぬ、くゎんまが、まむてぃいちゃびら（私たち県民の子や孫たちを守っていきましょう）。ちばらなやーさい（頑張っていきましょう）。

【翁長知事　一問一答】

# 県民の思いは一つだ

――多くの県民が来た。どう受け止めたか。

「こんな炎天下に、父の日でいろいろ予定もあったかと思うが、今の沖縄の置かれている環境を一人ひとりが心配をして、二度とこういうことをやっちゃいかんという悲しみと怒りが大きく結集したということで、県民の気持ちがよく表されていたと思っている」

――大会が超党派にならなかったことをどう思うか。

「沖縄県は戦後も大きく二つに分かれて、東京要請行動で奇跡的に一つにまとまったが、中央に政党の本部があるところは中央との整合性も取らないといけなくなるので、なかなか県民の心を一つにするのは簡単ではない。

ただ今日の表題を含め、結集された県民の皆さんの数も含めると、やはり県民の思いはいろいろと重なり合うというか、違うところはあっても思いは一つだということだけははっきりしていると思う」

——あいさつで痛恨の極みと表現した。込めた思いは。

「ある意味、私の政治行動もそういった政治の仕組みを変えられなかったというのが、一番大きな原因だ。個人的に言えば世の中を変えたわけではないが、個人的に20年ぶりに、こういった形で新しい政治の枠組みや仕組みに挑戦する中で沖縄の問題を変えていこうというのは私なりの思いがあるが、しかし結果として20年間何も変わらなかったということはやはり痛恨の極みで、本当に申し訳ないと思っている」

あいさつする翁長知事＝2016年6月19日午後、那覇市の奥武山陸上競技場

——官邸の地位協定改定に関する本気度はどう思うか。

「何にも変わらないものに憤りと同時に寂しいものがある。

しゃくし定規の言葉を繰り返すのみの日本国のトップの意思が大変悲しくて、これからの日本国民のことも大変心配する」

――玉城愛さんが本土の日本人と安倍晋三首相が第二の加害者と言った。どう受け止めたか。

「本当に若者の気持ちだったと思う。県知事としてもいま、ぎりぎりの発言をしているが、玉城さんの気持ちはよく分かる」

――あいさつで海兵隊の撤退に踏み込んだ理由は。

「表題が海兵隊の撤退という大会に参加していて、海兵隊の撤退の中に基地の整理縮小も新辺野古基地を造らせないことも、全面撤退も県民の思いが一つに集約されたと思っている」

――知事として全面撤退を求めるのではないのか。

「私の立場は昨日の会見でも言ったが、普天間基地の県外移設、新辺野古基地は造らせない、オスプレイの配備撤回、以上だ」

# 辺野古違法確認訴訟
# 高裁判決、敗訴

【2016年9月16日】

> 裁判所には、法の番人としての役割を期待していたが、政府の追認機関であることが明らかになり、大変失望している。

違法確認訴訟で沖縄県が敗訴したことを受け、上告の意向を示す翁長知事＝2016年9月16日午後、沖縄県庁

# 承認取り消し「違法」県、敗訴上告へ
## 高裁「辺野古しかない」

【2016年9月17日 朝刊】

翁長雄志知事による名護市辺野古の埋め立て承認取り消しを巡る不作為の違法確認訴訟の判決が9月16日午後、福岡高裁那覇支部（多見谷寿郎裁判長）で言い渡された。判決は国の請求を認め、翁長知事による承認取り消しは「違法」だとした。県と国の間の辺野古新基地建設を巡る司法判断は初めて。県は同日、23日までに最高裁に上告することを決めた。

判決は、同訴訟の審査対象は現知事の取り消しに関する裁量ではなく、前知事による埋め立て承認に裁量の逸脱・乱用があったかどうかだとした上で、「あるとは言えない」と判断したとした。そのため現知事に承認を取り消す権利はないとした。

判決は沖縄に米海兵隊を置く「地理的優位性」など、国側が米軍普天間飛行場の辺野古移設の根拠とした主張をほぼ全面的に採用。「在沖縄米海兵隊を県外に移転できないという国の判断は戦後70年の経過や現在の世界、地域情勢から合理性があり、尊重すべきだ」とした。

その上で「普天間飛行場の被害を除去するには本件新施設などを建設する以外にない。建設をやめるには普天間飛行場による被害を継続するしかない」と断定した。

公有水面埋立法に基づく知事の承認権限について、「審査対象に国防・外交上の事項は含まれるが、これらは地方自治法などに照らしても国の本来的任務に属する。国の判断に不合理な点がない限り尊重されるべきだ」とした。

普天間飛行場の辺野古移設は、「県全体としては負担軽減となる」と評価した。その上で「本件新施設などの建設に反対する民意には沿わないとしても、普天間飛行場その他の基地負担の軽減を求める民意に反するとは言えない」とした。辺野古新基地建設は「自治権の侵害」だとする県の主張も当たらないとした。

国は埋め立て承認を復活させるよう求める是正指示に県が応じず、協議による解決を求める姿勢が「違法な不作為」に当たると主張していた。これについて判決は協議による解決が「好ましい」としつつも、「(辺野古代執行訴訟の)和解から約5カ月が経過してもその糸口すら見いだせない現状にある。その可能性を肯定することは困難だ」とした。県が国の是正指示に対する措置を講じるのに「相当の期間は経過した」として、「被告の不作為は違法となった」とした。

## 【知事　冒頭発言】

大変あぜんとしている。これまで地方自治とか民主主義とかを守ろうと話をしてきたが、三権分立という意味でも、これは相当な禍根を残すものではないかなと思っている上に、こういった一方的な内容の場合には、県民のより大きい反発と結束がこれから出てくるのではないかと思ってる。

本日、地方自治法251条の7第1項に基づく不作為の違法確認請求事件の判決が、福岡高裁那覇支部で言い渡され、国土交通大臣が行った是正の指示に沖縄県知事が従わないことは違法であるとの判断が示された。

判決は「普天間飛行場の被害を除去するには、本件新施設等を建設する以外にはない。言い換えると、本件新施設等の建設をやめるには普天間飛行場による被害を継続するしかない」と述べるなど、辺野古が唯一との国の主張を追認するかのような内容となっており、地方自治制度を軽視し、県民の気持ちを踏みにじる、あまりにも国に偏った判断となっている。

判決では、公有水面埋立法第4条第1項第1号、2号要件など、全面的に国の主張を受け入れており、ことごとく県の主張を退けている。例えば1号要件に関しては本来なら緻密に比較衡量を行った上で判断しなければならないところ、一方では埋め立ての必要性の中で軍事的な面について踏み込んだ判断を行い、他方では自然環境面は一切考慮しないなど、裁判所がこのような偏頗《へんぱ》な判断をしたことについては驚きを禁じ得ない。

さらに、国地方係争処理委員会についても「係争委の決定は和解において具体的には想定しない内容であったとはいえ、もともと和解において決定内容には意味がないものとしており」と述べ、地方自治法に定める係争処理制度を軽視するなど、１９９９年に国と地方公共団体は対等協力であるべきとして行われた地方自治法改正の趣旨からもほど遠いものとなっている。

このような判決は、憲法や地方自治法、公有水面埋立法の解釈を誤ったものであり、到底受け入れられるものではない。

裁判所には、法の番人としての役割を期待していたが、政府の追認機関であることが明らかになり、大変失望している。

埋立承認取り消しは、公有水面埋立法が求める要件を丁寧に検証した上で行ったものであり、国土交通大臣から是正の指示を受けるいわれは全くない。

今日までの歴史的な状況を含めて、なぜ沖縄県だけが他の都道府県と異なる形で物事が処理されるのか、一地方自治体の自由・平等・人権・民主主義・民意が一顧だにされないということが、今日、他の都道府県であり得るのか、大変疑問だ。

国と地方公共団体が対等・協力の関係であることを定めた地方自治法においては、国の関与は最小限度でなければならないという基本原則があり、地方自治体の自主性と自立性は尊重されなければならない。

このような判決は、沖縄県だけの問題にとどまらず、これからの日本の地方自治・民主主義の在り方に困難をもたらすのではないかと、大変危惧《きぐ》している。

今後、最高裁に上告および上告受理の申し立てを行い、不当な高裁判決の破棄を求めるとともに、憲法で認められた地方自治が本来の役割を果たすことができるよう、力の限りを尽くして訴えていきたい。

## 【翁長知事、弁護団 一問一答】

――上告の方針だが、いつごろまでに。

**翁長知事**　上告は私も一緒に決めたが、これから日にちとかがある。

**竹下勇夫弁護士**　地方自治法上はこの裁判は、特例が定められていて、上告期間、上告受理申立期間が通常は2週間だが、1週間で、来週の金曜日が期限。それまでに判断したい。

――最高裁に上告され判決が確定した場合、取り消しの撤回もあり得るのか。

**翁長知事**　これはまだとは思うが、否定することはないと思う。今どうするということは、話としてはしていない、時期も含めて。

――仮に最高裁でも確定して知事が承認取り消しを取り消した場合、取り消し以外にどんな手段で移設阻止という公約を実現しようと考えているか。

**翁長知事**　上告をして最高裁での判断は推測することは控えたい。確定判決が出た場合、どのような方法があるかという話だが、これは私も辺野古に基地は造らせないということで公約して当選してきた。それ以外の手法については今申し上げなくてもいくつか出てこようかと思う。

――承認「撤回」も視野に入ってくるか。

**翁長知事**　この判決、確定判決になった場合でも、それ以外のことは今日までも私どもが検討してきたものについては十二分にあり得る。

――弁論の中で確定判決には従う、取り消しは取り消すと言った。それは変わらないか。

**翁長知事**　そのように法廷で話したので、そういうことになる。

――確定判決に従うとしても、あらゆる手段で辺野古を阻止する姿勢に変わりないか。

**翁長知事**　今申し上げたように変わらない。

――基地をめぐる訴訟での判決は大田昌秀知事の例があった。この20年間でこの国の民主主義の成熟度はどう変化したか。

**翁長知事**　民主主義の熟度について多方面から判断する必要があろうかと思う。こと日本の安全保障における沖縄の立場、県民の民意について日本の民主主義は一歩も前進していないのではないか。むしろ最近のいろいろな節目での強引な手法を考えると、これまでにない形のものが大きく出ている。日米安保体制を日本国が真剣に考えてこなかった。沖縄だけに押しつけて安易な政治を続けていることが民主主義そのものを脅かしているのではないかと思っている。

――今日の判決内容で評価できる点はあるか。

**翁長知事**　一読ということで言わせてもらうと評価できる点はない。

――判決で「本件新施設等の建設をやめるには普天間飛行場の被害を継続するしかない」とある。政府に対し脅しではないかと言っていたことだと思う。

**翁長知事**　私たちの証人申請はみんな拒否された。その中で一裁判官が、法廷が、一番社会的にも、日本国全体、世界的にもその方向が憂慮されるようなものの中で自らの判断で確定した価値観を示すというのは、私からするとあぜんのベスト3に入るのではないかと思うようなびっくりするような判断だと思った。

――今回の判決を受け、国との協議にどう臨むか。

**翁長知事**　今までの協議は大変形式的で「辺野古が唯一」なのか、それ以外にあるのかなど議論がされてこなかった。これからは残念ながら私たちが主導権を握って言えるような協議ではない。

――協議について糸口が見えていないと判決で書いている。裁判所がそう認識を示したことへの感想は。

**翁長知事**　私が法廷で申し上げた協議の内容は実質上、中身がなかったということは裁判官も認めて、確認された。改めて和解勧告の中身を思い出すと、沖縄を含むオールジャパンで意見交換し、米政府とあたらないとこの問題は解決しないだろう、ということがあった。和解勧告がないがしろにされていること も認められた中で、こういう判決が出てきたのは、あぜんとしたと言う以外に表現がない。残念だ。

——裁判長から「知事が確定判決に従うと明言してくれてほっとしている」とあった。受け止めを。

**翁長知事**　これだけ明確に国側の立場に立って判決を出した人がそういう発言をするということは県民を愚弄《ぐろう》しているという感じを受けた。

**松永和宏弁護士**　勝手なねつ造だ。訴状を提出された日に進行協議があった。多見谷（寿郎）裁判長から「判決が出たら従うか」という話が出た。「書面で判断してほしい」と答えて終わった。それから第1回公判までの15日間、何にもない。本当に取り下げる意思があるのであればやればいいことだ。あの（「確定判決に従うか」）発言についてわれわれも批判したし、新聞報道に出た中で、その次に唐突に説明が出た。全く事実がねつ造されているんだろうと思う。

もう1点、多見谷裁判長がねつ造している点を言っておきたい。知事のコメントで「和解において決定内容には意味がない。これを関係者は認識していた」とあるのは事実のねつ造だ。ねつ造裁判官だ。マスコミが知らない和解の経緯だが、「オールジャパン」うんぬんの後に多見谷裁判長から示された和解案がある。沖縄県は是正の指示に対し、係争委に申し出をしないという和解案が示された。多見谷裁判長からは「国は係争委に行くことを非常に抵抗しているので、係争委に申し出するということであれば、和解の成立は難しい」ということだった。

われわれは地方自治法の基本的な精神からして、国と地方を対等にする一番根幹なものが係争委だと話したところ、多見谷裁判長から「係争委なんて意味があるんですか」という発言があった。彼はそういう認識だ。係争委の決定が出ても、国が従わないという事態があれば、県は訴訟を起こすと言っただけで、県の方が係争委の決定に意味がないということは一切言っていない。県が真っ向から否定したことを判決の中でねつ造して書きやがったというのが事実だ。

――裁判所が政府の追認機関と判断したとなると、今後司法の場に訴えることも非常に難しい。阻止に向けた道のりが今まで以上に厳しくなった印象を受ける。阻止への知事の認識は。

**翁長知事**　民主主義の制度を利用していろいろな形で、なおかつ地方自治の在り方や一人ひとりの人権、自由平等を訴えていく以外にはないと思っている。大変厳しい状況を認識をしているが、これからの法廷闘争を含め、知事に与えられた権限はしっかりと維持していく。70年前の銃剣とブルドーザーで県に基地を造るのが、70年目にして新たな段階を迎えたと考えている。民主主義のルールにのっとって県民の思いを伝えていきたい。

――最高裁で具体的にどんな主張をして逆転を狙っていくのか。

**松永弁護士**　非常にずさんな判決だとの印象を持っている。例えば1号要件についてはその必要性、公共性と自然環境、生活環境との比較衡量が必要と言いながら、辺野古唯一と言って環境など考慮していないとか、全く最初に立てた基準と実際にやっていることが食い違っている。裁量についても、論理上は裁判所はそこに判断できないはずなのに、全く矛盾することで埋め立ての一体性や、地理的優位性に踏み込み、論理そのものが矛盾している部分が非常に多いように思う。ずさんな点を主張する部分があると思う。

――沖縄が訴えてきた戦後70年間の歴史は全く重視せず沖縄の歴史を否定するかのような判決に思える。

**翁長知事**　この代執行訴訟が始まった時から県の歴史についても申し上げてきた。提出書面の中にも詳しく沖縄の基地の成り立ちを含めて書かれている。準備書面含め私の発言を聞いてもらって、その中で70年間の歴史に触れることもない。むしろ否定をしてしまうというような中に、大変私は意図的なものを感じ大変不快感を持っている。

――菅官房長が夕方の会見で「和解の趣旨に沿って誠実に対応していく」と発言。翁長知事をけん制している。

**翁長知事**　どうけん制しているかまで分からないが、「沖縄を含むオールジャパンで協議をして、米政府とあたって打開策を見いだしていく」のが和解勧告の重要な部分だったから、ご都合主義というか、現実の中で利用できるものは利用できるようにという言い方をされると、同じ作業でやりあうのがそういう認識の人たちと話し合いができるのかと大変疑問だ。沖縄側の思い、主張をこれからもやっていき、知事の権限という意味でもしっかりとさせていただきたい。

――北朝鮮のノドンの射程とか専門家の中でも議論が分かれているようなものに断言調で言い切って事実認定している。異例か。

**松永弁護士**　見たことがない。異例だ。空前であることは間違いない。

――最高裁ではこういった点も主張されていくということになるのか

**加藤裕弁護士**　非常に偏頗な判断をしている。国に都合のいいことは非常に強引な事実認定をする。そうでない部分についてはスカッと飛ばしてしまう。これは法的な判断としても許されないことだろう。最高裁でもこういったところは取り上げられるべき論点だ。

――冒頭で「県民のより大きい反発と結束が出てくる」と述べた。具体的に何かイメージしているか。

**翁長知事**　判決文を読んだ時にとてもこれは耐えられるものではないなと、普通の県民が抱く感覚だと思っている。この感覚を大切にしてこれからの県政運営には大切だと思っている。

――県民投票への動きは。

**翁長知事**　こういう具体的なものは後々のいろいろな場面場面、長い長い闘いになるかと思う。私自身は新辺野古基地は絶対造らさないという信念をもってこれからも頑張っていきたい。

# 辺野古埋め立て承認取り消し 最高裁上告棄却

【2016 年 12 月 20 日】

沖縄は日本の独立と引き換えに米施政権下に置かれ、日本国憲法が適用されなかった。苛烈な米軍との自治権獲得闘争を粘り強く闘ってきた県民は、日米両政府が新基地建設を断念するまで戦い抜くと信じている。

最高裁の上告棄却を受けて会見を開く翁長知事＝ 2016 年 12 月 20 日午後、沖縄県庁

# 辺野古訴訟、県敗訴　最高裁「唯一の策」は認めず
## 年内に工事再開　県、26日にも取り消し

【2016年12月21日 朝刊】

翁長雄志知事による名護市辺野古の埋め立て承認取り消しを巡り、国が県を相手に提起した不作為の違法確認訴訟で、最高裁第2小法廷（鬼丸かおる裁判長）は12月20日、県の上告を棄却した。承認取り消しは違法だとした福岡高裁那覇支部の県敗訴の判決が確定した。

最高裁は県の上告受理申し立てを受理した各争点の高裁那覇支部の判断について、「結論において是認することができる」として踏襲した。高裁判決が安全保障や「地理的優位性」の観点からも、辺野古新基地建設が普天間飛行場の危険性除去の唯一の解決策だと断定した点は、一切触れなかった。

沖縄県は敗訴を受け、26日にも承認取り消しを取り消す。沖縄防衛局は埋め立て承認の効力が戻り次第、早ければ同日に埋め立て本体工事を再開する。

防衛局はまず工事区域への浮具（フロート）設置を進める予定。年明けから本格的な工事を始める。

判決は裁判官4人全員の一致で、個別意見はなかった。仲井真弘多前知事の埋め立て承認に違法や不当がない場合は、「承認取り消しは違法となる」とした。

その上で埋め立ての必要性・合理性の判断では、新基地は普天間飛行場の面積から縮小し、米軍機が住宅地上空の飛行が回避されるなどとの前知事の判断について、「事実の基礎を欠くものであることや、その内容が社会通念に照らし明らかに妥当性を欠くものであるという事情は認められない」とした。

環境保全策などへの十分な配慮についても、「（前知事の）判断過程および判断内容に特段不合理な点があるとはうかがわれない」とした。

承認取り消しを取り消すよう国が県に求めた「是正の指示」については、承認取り消しが違法であるため、要件を満たしており適法だとした。是正の指示に従わなかったことは「違法な」不作為ではないとする県の主張に対しては、是正の指示が出された1週間後には、是正の指示に従う「相当の期間が経過している」との見解を示した。

県・国双方に協議を求めた国地方係争処理委員会の決定を受けて、県が協議を申し入れたことについても「結論を左右しない」とした。

【翁長知事　記者会見】

# 最高裁判断に、深い失望と憂慮

不作為の違法確認訴訟における福岡高等裁判所那覇支部の判決を不服として、９月23日に行った上告受理の申し立てについて本日、最高裁判所において、上告を棄却するとの判決がなされた。

最高裁判所には、法の番人として、少なくとも充実した審理を経た上で判断をしていただけると期待していたが、あたかも前知事の埋め立て承認が全てであるかのような判断を示し、また、是正の指示についても、それを制限する定めがないことを理由に、無制限に地方自治体への関与を認め、国と地方を対等・協力の関係とした地方自治法の視点が欠落した判断を示し、結果として問題点の多い高裁判決の結論を容認した。

このような判断を最高裁判所が行ったことについては、深く失望し、憂慮している。

私は知事に就任して以来、政府に対して「辺野古が唯一の解決策である」という固定観念を捨て去り、辺野古新基地建設に反対する多くの県民の声に耳を傾けてほしいと求めてきた。

今回、最高裁判所は、福岡高等裁判所那覇支部とは異なり「辺野古が唯一」との認定を行うことはなかった。

改めて申し上げるまでもなく、県民の理解が得られない新基地建設を進めることは絶対に許されない。
過去、沖縄は日本の独立と引き換えにアメリカの施政権下に置かれた。日本国憲法が適用されなかった米軍統治下時代、苛烈を極めた米軍との自治権獲得闘争を、粘り強く闘ってきた県民は、日米両政府が辺野古新基地建設を断念するまで戦い抜くものと信じている。
私は今後も県民とともに、辺野古に新基地は造らせないという公約実現に向け、全力で取り組んでいく。引き続き、県民の皆さまのご理解とご協力をお願い申し上げる。

## 【翁長知事　一問一答】

――オスプレイの墜落、飛行再開があり、北部訓練場返還の式典中止を求めても開催される。県民の声が届かない中での敗訴判決をどう受け止めるか。

「こういう形で年末を迎えることは大変残念だ。今こういう状況の中でも県民の不屈の気持ちは新たな展開を思いながら、みんなで心を一つに頑張っていこうという気持ちになっていると思う」

――辺野古埋め立て承認取り消しを取り消す時期は。

「行政が司法の最終判断を尊重することは当然であると今日まで話をしてきた。速やかに取り消しの手続きを進めていく」

――菅義偉官房長官が昨日の会見でオスプレイの事故と辺野古移設は関係ないと明言した。

「オスプレイ墜落事故について、米軍が安全だと話をしたのも残念だが、もっと残念なのは日本政府がしっかり検証することなく受け入れたことだ。日本の安全保障のことを戦後70年間、背負ってきた県民に対し、説明責任もないようなものは今後、さらなる日本政府と県の信頼関係の欠如につながっていく」

――就任から2年。辺野古問題について、世の中が変わった実感はあるか。

「(主要閣僚などが)誰も会ってくれないことなどもあり、就任当初の2年前の方が厳しかった。今回、最高裁の判決は出たが、新辺野古基地は造らせない、オスプレイの配備撤回という闘いは今まさに新しいスタートに立った。これからが私たち県民の踏ん張りどころ、力の出しどころだ。しっかり集約しながら不退転の決意で公約の実現に向けて頑張っていきたい」

――オスプレイ墜落事故で22日にオール沖縄会議が名護市で抗議集会を開く。参加するか。

「一つの区切りがついたこともあり、私も出席して、県民の心が大きく一つになれるようなものに資したい」

――22日の北部訓練場の返還式典には菅官房長官や稲田防衛大臣も参加する方向だ。大臣らと面会するか。

「北部訓練場の返還式典には県として出席できないということを政府や国民、米国民、米政府に知って

最高裁の上告棄却の会見を終えて退室する翁長知事（手前右端）＝2016年12月20日午後、沖縄県庁

もらいたい。菅官房長官や稲田防衛大臣、ケネディ大使がおいでになるかと思うが、話し合いをすることは全く考えていない」

――阻止の手法は今回の判決に縛られないと考えるか。

「私が法廷の中で話したのは、取り消しか取り消さないかだけの判決に従うだけだ。それ以外は関係ないと思っている」

――阻止すると、国は損害賠償を考えてくると思う。

「地方自治法あるいは法律にのっとり厳正に審査する。損害賠償の対象にはならないと思っている」

■ニュース・情報提供 098-865-5158
■広告のお申し込み 0120-43-5059
■購読・配達のお問い合わせ 0120-39-5069
■本社事業案内 098-865-5256
■読者相談室 098-865-5656

# 琉球新報
THE RYUKYU SHIMPO 第38766号

日刊
2016年（平成28年）
12月21日 水曜日
［旧11月23日・先負］
発行所 琉球新報社 ©琉球新報社2016年
〒900-8525 那覇市天久905 電話098-865-5111

# 辺野古訴訟 県敗訴
# 年内に工事再開
## 最高裁「唯一の策」は認めず
### 県、26日にも取り消し

翁長雄志知事による名護市辺野古の埋め立て承認取り消しを巡り、国が県を相手に提起した不作為の違法確認訴訟で、最高裁第2小法廷（鬼丸かおる裁判長）は20日、県の上告を棄却した。承認取り消しは違法だとした福岡高裁那覇支部の県敗訴の判決が確定した。最高裁は県の上告受理申し立てを受理した各争点の高裁那覇支部の判断について「結論において是認することができる」として踏襲した。高裁判決が安全保障や「地理的優位性」の観点からも辺野古新基地建設が普天間飛行場の危険性除去の唯一の解決策だと断定した点は、一切触れなかった。県は敗訴を受け、26日にも承認取り消しを取り消す。沖縄防衛局は埋め立て承認の効力が戻り次第、早ければ同日に埋め立て本体工事を再開する。

（2、3、30、31面に関連、6面に要旨）

米軍普天間飛行場の名護市辺野古への移設を巡り、翁長雄志知事を国が相手取った訴訟の上告審判決が言い渡された最高裁第2小法廷＝20日午後

防衛局はまず工事区域への浮具（フロート）設置を進める予定。年明けから本格的な工事を始める。

判決は裁判官4人全員の一致で、個別意見はなかった。仲井真弘多前知事の埋め立て承認に違法や不当がない場合は「承認取り消しは違法となる」とした。その上で埋め立ての必要性・合理性の判断では、新基地は普天間飛行場の面積から縮小し、米軍機が住宅地上空の飛行が回避されるなどとの前知事の判断について「事実の基礎を欠くものであることや、その内容が社会通念に照らし明らかに妥当性を欠くものであるという事情は認められない」とした。

環境保全策などへの十分な配慮についても、「（前知事の）判断過程および判断内容に特段不合理な点があるとはうかがわれない」とした。

承認取り消しを取り消すよう国が県に求めた「是正の指示」については、承認取り消しが違法であるため、要件を満たしており適法だとした。是正の指示に従わなかったことは「違法な」不作為ではないとする県の主張に対しては、是正の指示が出された1週間後には、是正の指示に従う「相当の期間が経過している」との見解を示した。県・国双方に協議を求めた国地方係争処理委員会の決定を受けて県が協議を申し入れたことについても「結論を左右しない」とした。

**最高裁判決骨子**
- 上告を棄却する
- 前知事の承認に違法・不当がなければ翁長知事の承認取り消しは違法
- 前知事の埋め立ての必要性・合理性や環境保全策などへの配慮についての判断に違法などはない
- 国の出した是正の指示は、要件を満たしている
- 県が是正の指示に従わなかったのは違法な「不作為」

鬼丸かおる裁判長

## 知事、県民集会参加へ
### 22日、菅氏らとの面会拒む

翁長雄志知事

翁長雄志知事は20日、辺野古違法確認訴訟で最高裁が県敗訴の判決を言い渡したことを受けて県庁で会見し、承認取り消しの「取り消し」について「速やかに手続きを進めていく」と述べた。26日にも取り消す方針。米軍北部訓練場の返還式がある22日に名護市で開催されるオスプレイ墜落に抗議する県民集会には「私も出席して県民の心が大きく一つになれるようなものに資することを考えている」と参加を明言した。

北部訓練場の返還式で来県予定の菅義偉官房長官や稲田朋美防衛相、ケネディ駐日米大使らと会談するかと問われ「お三方と話し合いすることは全く考えていない」と述べた。

今後のあらゆる知事権限について「（判決で）元の状態に戻るだけで、一つ一つの判断をしっかりやっていきたい」と改めて宣言。判決内容については「取り消しか取り消さないかだけの判決に従うだけ。それ以外は関係ない」と、埋め立て承認の「撤回」などの権限行使は判決に縛られないとの見解を強調した。

今後の展開について「判決は出たが、今まさに新しいスタートに立った。これからが県民の踏ん張りどころだ。しっかり集約しながら不退転の決意で公約の実現に向けて頑張っていきたい」と決意を新たにした。

さらに「憲法が適用されなかった米軍統治下時代、米軍との自治権獲得闘争を闘ってきた県民は、日米両政府が辺野古新基地建設を断念するまで闘い抜くものと信じている」と県民世論の高まりにも期待を見せた。

会見に同席した県の弁護団は「『辺野古が唯一』も追認しなかった。知事の権限を非常に広く認めたわけで、今後も国はその判断を尊重しなければならないことになる」と強調した。

高江、記者の5カ月 16、17面

2016年12月21日

## 金口木舌

1908年12月25日、「琉球訳賛美歌」と題した伊波普猷の投稿が本紙に載った。「沖縄学の父」が、クリスマスに歌う賛美歌の琉球語版に挑んだ。「近頃の珍品」と本紙は寸評を添えた▼キリスト降誕を「御万人の君の思子や／こよひ天降めしやうちやる」と訳した。現在では「神の御子は今宵しも／ベツレヘムに生まれたもう」の歌詞で知られる。賛美歌の中にあって「御万人」の三文字が新鮮だ▼敗戦後、沖縄で聖夜を祝うのは米軍だった。47年12月26日付の本紙にクレイグ軍政府副長官のクリスマスメッセージが載った。各地の孤児院は米兵が扮したサンタを迎えた。クリスマスの華やぎは庶民に縁遠い▼同じ年、伊波は最後の著書「沖縄歴史物語」の末尾に「帝国主義が終りを告げる時、沖縄人は『にが世』から解放されて、『あま世』を楽しみ十分にその個性を生かして、世界の文化に貢献することが出来る」と記した▼有名な一節に伊波の憂いがにじむ。この本の扉に掲げた仏詩人グルモンの言葉「われわれは歴史によっておしつぶされてゐる」にも灰じんに帰した故郷への思いを託したのであろう▼一足早いクリスマスパーティーのつもりか。明日の米軍北部訓練場返還式典のことだ。ヘリパッドがプレゼントでは祝う気になれない。御万人は日米両政府の専横におしつぶされている。今も「にが世」なのだ。

## きょうの紙面

**18 ボクシング大湾 プロへ**

ボクシングの大湾硫斗（美来工科3年）が、卒業後に白井・具志堅スポーツジムでプロに進むことを表明した。

**5 県、多言語で医療対応**
外国人観光客への緊急医療対応が増加していることを受け、県は、多言語コールセンターを開設する。

**31 高江騒音 12年以降拡大**
沖縄防衛局が東村高江で実施している騒音測定調査で、2012年度以降、60デシベル以上の騒音発生回数が激増した。

**2 オスプレイ再開で県抗議**

**7 独で車突入、12人死亡**

**21「平和のうた」開始1年**



**りゅうちゃんクイズ 2076 経済編**

那覇市《なはし》が全国一《ぜんこくいち》の消費《しょうひ》を誇《ほこ》る食《た》べ物《もの》は？
①アジの干物《ひもの》
②生《なま》サンマ
③かつお節《ぶし》
答えは7面

**きょうの天気**（降水確率）

| | 6 | 9 | 12 | 15 | 18 | 21 |
|---|---|---|---|---|---|---|
| 北部 | 10 | 10 | 20 | 20 | 40 | 50 |
| 中南部 | 10 | 10 | 20 | 20 | 40 | 50 |
| 久米島 | 10 | 10 | 20 | 20 | 40 | 60 |
| 大東島 | 10 | 10 | 10 | 10 | 20 | 20 |
| 宮古島 | 60 | 60 | 60 | 60 | 60 | 60 |
| 石垣島 | 60 | 60 | 70 | 70 | 60 | 60 |
| 与那国 | 40 | 60 | 60 | 60 | 60 | 60 |

きょうの暦 月齢 21.6 小潮
日出 07:12 満潮 12:57
日入 17:42
月出 00:05 干潮 06:15
月入 12:36 19:28

天気マーク下の数字は降水確率

週間天気 23日 24日 25日 26日 27日
降水確率 30 20 20 40 50

# 沖縄防衛局
# 海上工事に着手

【2017 年 2 月 6 日】

このまま工事を強行するなら、反対する県民の感情的な高まりが米軍全体への抗議に変わり、在沖米軍基地の運用は難しくなるだろう。

コンクリートブロックを台船からクレーン付き作業船に移動させる作業員＝ 2017 年2月6日午前 11 時 15 分、名護市大浦湾

## 防衛局、辺野古海上工事強行
## 県、文書で中止要求

【2017年2月7日 朝刊】

米軍普天間飛行場の移設に伴う名護市辺野古への新基地建設で、沖縄防衛局は2月6日午前8時40分ごろ、海上の本体工事に着手した。

5日に名護市大浦湾の臨時制限区域に到着した作業用の船団のうち、台船2隻から汚濁防止膜を固定するための大型コンクリートブロックなどをクレーン船2隻に移し替える作業が行われた。早ければ7日にも同区域内に最大13・9トンの大型ブロックを投下し、汚濁防止膜の設置作業が本格化する。

県は防衛局が実際に投下した場合は、法的な対抗措置を検討する方針。県民の民意を無視した形で本体工事が強行されることに、県民の反発はさらに強まりそうだ。

防衛省関係者によると、汚濁防止膜の設置には2~3カ月を要する見通し。設置が終わり次第、浅場にある「K9護岸」「A護岸」と呼ばれる場所から護岸工事に着手する計画で、これが実質的な埋め立て工事の始まりとなる。

一方、県は6日、沖縄防衛局が汚濁防止膜を設置する計画を県に協議せず変更したことに抗議し、説明を求める文書を同局に手交した。文書でブロック投下を中止するよう求めた。県幹部はブロックが投下されていないため、「海上の本体工事はまだ始まっていない」との認識を示した。

6日は台船2隻から、クレーン船2隻に、ブロックをそれぞれ14個ずつと、汚濁防止膜を設置するためのものとみられるフロート（浮具）などを移し替えた。

大型特殊船「ポセイドン1」（4015トン）が2016年末に完了だった1カ所の海底ボーリング（掘削）調査を始めるとみられるが、この日は掘削調査をしている様子は確認されなかった。新基地建設に反対する市民らは抗議船6隻とカヌー16艇で、臨時制限区域を示す海上フェンスの外側で抗議行動した。

米軍キャンプ・シュワブゲート前では6日午前11時55分ごろ、砂利を積んだトラックなど工事関係車両12台が基地内に入った。砂利を積んだ作業車が入るのは最高裁判決後、作業が再開されて初めて。

新基地建設に反対する市民ら120人が阻止行動を始めたが、県警の機動隊が市民らを排除した。海上での本体工事着工を受け、ゲート前も資材搬入が本格化しそうだ。

# 知事は強行に憤り、阻止へ全力

【2017年2月8日 朝刊】

米軍普天間飛行場の名護市辺野古移設に伴う新基地建設で、沖縄防衛局は2月7日、大型コンクリートブロックを大浦湾の臨時制限区域内に投下する作業を開始した。同日午前9時25分ごろに1個目を投下したのを皮切りに、大型クレーン船2隻が計4個の大型コンクリートブロックを午後2時40分ごろまでに投下した。

16年3月から中断していた海底ボーリング（掘削）調査も、大型特殊船「ポセイドン1」（4015トン）を使って同日午後3時55分に再開した。掘削調査は従来の計画より数十地点増えることが明らかになった。

防衛局はブロックを計228個投下して固定用アンカーに使い、4～5月ごろまでに汚濁防止膜を敷設する予定。

県は防衛局に対し、2014年の当初計画からブロックの大きさや個数が、二転三転した経緯が明らかでないとし説明を求め、説明を終えるまではブロックを投下しないよう要請していた。要請に反してブロックが投下されたことを受け、翁長雄志知事は「憤りでいっぱいだ。（新基地

海保や防衛局職員が警戒する中、海底へ投下されるコンクリートブロック＝2月7日午後2時 38 分ごろ、大浦湾

阻止を）あらゆる手法でと言っている。撤回に限らず、それ以外も含めやっていきたい」と述べた。

掘削調査は今後、工事の「実施設計」作成に向けた全24地点中残り1地点で実施するのに加え、実際の工事施工で必要な数十地点で行う予定。このうち実施設計用の残り1地点と施工用の十数地点については、今回投入した大型特殊船「ポセイドン1」を使う。

海上では新基地建設に反対する市民らが抗議船3隻、カヌー17艇で抗議した。カヌーが浮具（フロート）の内側に突入した際、正午前に4人、午後3時ごろに6人の延べ10人が、海上保安庁のゴムボートによって数十分間拘束された。

米軍キャンプ・シュワブゲート前では同日、新基地建設に反対する市民ら最大約80人が早朝から集まり、ブロック投入に「サンゴを壊すな」と抗議の声を上げた。午前9時ごろ、基地内への資材搬入を阻止しようと、ゲート前に座り込んだ市民らと機動隊員がもみ合いになり、男性1人が道路に頭をぶつけてけがをした。

市民が機動隊員に排除されている間に、大型トレーラー4台と機材を積んだとみられる大型トラック1台が基地内に入った。

## 県民の抗議は「全基地へと波及」と知事

【2017年2月8日 朝刊】

翁長雄志知事は2月7日午後、名護市辺野古沖の新基地建設に絡み、県の中止要請にもかかわらず沖縄防衛局がコンクリートブロックを投下したことについて、「(投下)しないように強く申し入れているが、事前協議等を実質上伴わない中で、このような行為が行われたことに憤りでいっぱいだ」と政府を批判した。その上で政府の強硬姿勢が続けば、県民の抗議が全基地へと波及するとの見解を示した。

沖縄防衛局に対しては再度、ブロック投下を中止し汚濁防止膜敷設計画の資料提出を求める文書を出す方針を示した。建設を阻止するための具体策については、「時期、項目を含め、法律的にも政治的にも期間的な意味で微妙な問題を抱えている。今日まであらゆる手法でと言っているので、一つずつ対応していきたい。撤回に限らず、それ以外も含めやっていきたい」と述べるにとどめた。

さらに「このまま工事を強行するなら、反対する県民の感情的な高まりが米軍全体への抗議に変わり、在沖米軍基地の運用は難しくなるだろうことは容易に想像され、ひいては日米安保体制に大きな禍根を残す事態を招くのではないかと危惧《きぐ》している」と、政府姿勢を強くけん制した。

県民の受け止めについては、「いろいろな考え方があると思うが、やり方そのものは適切ではないとほとんどの県民が思っていると思う」との見解を示した。

1 総合 1版 （1958年2月2日第3種郵便物認可）

琉球新報
THE RYUKYU SHIMPO 第38813号
2017年（平成29年）2月7日火曜日 〔旧1月11日・大安〕（日刊）
発行所 琉球新報社 ©琉球新報社2017年
〒900-8525 那覇市天久905 電話 098-865-5111

■ニュース・情報提供 098-865-5158
■広告のお申し込み 0120-43-5059
■購読・配達の問い合わせ 0120-39-5069
■本社事業案内 098-865-5256
■読者相談室 098-865-5656





# 海上工事に着手

## 防衛局、辺野古強行

## 県、文書で中止要求

コンクリートブロックを台船からクレーン付き作業船に移動させる作業員＝6日午前11時15分、名護市大浦湾（[illegible]ヘリで撮影）

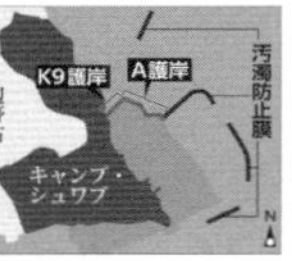


汚濁防止膜の設置予定海域と初期の護岸工事着手地点

【辺野古問題取材班】米軍普天間飛行場の移設に伴う名護市辺野古への新基地建設で、沖縄防衛局は6日午前8時40分ごろ、海上の本体工事に着手した。5日に名護市大浦湾の臨時制限区域に到着した作業用の船団のうち、台船2隻から汚濁防止膜を固定するための大型コンクリートブロックなどをクレーン船2隻に移し替える作業が行われた。早ければ7日にも同区域内に最大13・9トンの大型ブロックを投下し、汚濁防止膜の設置作業が本格化する。県は防衛局が実際に投下した場合は法的な対抗措置を検討する方針。県民の民意を無視した形で本体工事が強行されることに、県民の反発はさらに強まりそうだ。

（2、3、34、35面に関連）

防衛省関係者によると、汚濁防止膜の設置には2～3カ月を要する見通し。設置が終わり次第、浅場にある「K9護岸」「A護岸」と呼ばれる場所から護岸工事に着手する計画で、これが実質的な埋め立て工事の始まりとなる。

一方、県は6日、沖縄防衛局が汚濁防止膜を設置する計画を県に協議せず変更したことに抗議し、説明を求める文書を同局に手交した。文書でブロック投下を中止するよう求めた。

県幹部はブロックが投下されていないため「海上の本体工事はまだ始まっていない」との認識を示した。

6日は台船2隻から、クレーン船2隻に、ブロックをそれぞれ14個ずつと汚濁防止膜を設置するためのものとみられるフロート（浮具）などを移し替えた。大型特殊船「ポセイドン1」（4015トン）が昨年未完了だった1カ所の海底ボーリング（掘削）調査を始めるとみられるが、この日は掘削調査をしている様子は確認されなかった。

新基地建設に反対する市民らは抗議船6隻、カヌー16艇で臨時制限区域を示す海上フェンスの外側で抗議行動した。

米軍キャンプ・シュワブゲート前では6日午前11時55分ごろ、砂利を積んだトラックなど工事関係車両12台が基地内に入った。砂利を積んだ作業車が入るのは最高裁判決後、作業が再開されて初めて。新基地建設に反対する市民ら120人が阻止行動を始めたが、県警の機動隊が市民らを排除した。海上での本体工事着工を受け、ゲート前も資材搬入が本格化しそうだ。

## 松山4勝目

### 米ゴルフ、日本勢最多

松山英樹

【スコッツデール（米アリゾナ州）共同】ゴルフの松山英樹(24)が5日、米アリゾナ州スコッツデールで行われたフェニックス・オープンで優勝し、米男子ツアーの日本勢で単独最多となる通算4勝とした。2003年までに3勝した丸山茂樹を上回った。

（26面に関連）

3位でスタートした最終ラウンドで66と伸ばし、通算17アンダーで並んだウェブ・シンプソン（米国）とのプレーオフを制して大会2連覇で今季2勝目。米ツアーで快進撃を続けており、日本男子初となるメジャー制覇の期待が膨らむ。

## 天下りあっせん 文科省が主導か

### 歴代次官ら認識

文部科学省の組織的天下り問題で、人事課OBの嶋貫和男氏(67)を調整役とする脱法的なあっせんの仕組みづくりを同省が主導していた可能性が強まった。松野博一文科相が6日会見し、関係資料とともに嶋貫氏の実名を公表した。松野氏によると、あっせんは2009年から始まり、13年ごろまでに人事課が関与する体制ができた。歴代の事務次官や文科審議官ら上層部も、この体制を認識していた。

（7面に関連）

嶋貫氏は大学などの求人情報と退職予定者をマッチングさせる役割を担っていたが、この仕組みをつくるため、文科省が嶋貫氏の事務所賃料などの確保を支援していた疑いが濃厚だ。内閣府の再就職等監視委員会も同日、人事課が嶋貫氏に力添えしていたことを明らかにした。

文科省は引き続き調査を進め、2月下旬に中間報告、3月末に最終報告をする。

天気は3面に移しました

りゅうちゃんクイズ 2123 社会編

那覇空港の滑走路を増設するため、埋め立てる石材は奄美大島からもってくるよ。その採石場周辺で見つかった特定外来生物はどれかな。
①イネズミゾウムシ
②ハイイロゴケグモ
③アルゼンチンアリ

答えは5面

## 金口木舌

2017年2月7日

沖縄一周市郡対抗駅伝は中高生の力走が印象に残った。将来、箱根駅伝などで活躍することを思わず期待した▼「箱根八里」を作曲した滝廉太郎のほかの代表作に「荒城の月」がある。作家の向田邦子さんは言葉を誤って覚えることがあるとして、エッセイでその一節を挙げた。「めぐる盃 かげさして」を「眠る盃」と歌うと。酩酊した父の姿と酒の残る杯の記憶を合わせてつづった▼似た経験がある。子ども時分に読んだ絵本「チムとゆうかんなせんちょうさん」で、老船長が主人公の少年に語る「海のもくずと消えるんじゃ」のせりふ。藻くずを「もずく」と覚えてしまった。酢の物を食べるたび、この本と読んでいた図書館内の様子を思い出す▼沖縄市立図書館が移転のため2月から休館した。琉米親善センター時代からの57年間を振り返る特別展が開かれた。ある女性は制服を着た中の町小の児童が利用する様子の写真に見入っていた▼聞けば親善センター当時からの利用者。図書館が多くの記憶を彩っていると語った。最終日の利用者の多くも借りた作品と図書館に足を運んだ思い出を重ね合わせて名残を惜しんだ▼コリンザの新館は1フロアの面積でみると九州1、2位を争う規模になるという。蔵書も増え、機能も充実する。利便性の向上はもちろんだが、引き続き愛される館であることを市民は願っている。

# 知事として辺野古集会に初参加
# 初めて「撤回」を明言

【2017 年 3 月 25 日】

国の辺野古を埋め立てるやり方は、占領下の銃剣とブルドーザーと全く同じ手法で、美しい大浦湾を埋めようとしていると強く感じている。

「新基地は造らせないぞ！」と拳を突き上げる参加者＝ 2017 年3月 25 日午後0時 11 分、名護市辺野古の米軍キャンプ・シュワブゲート前

## 「承認撤回、必ず」
## 3500人、新基地建設反対訴え

【2017年3月26日 朝刊】

米軍普天間飛行場の名護市辺野古移設に伴う新基地建設に反対する「違法な埋め立て工事の即時中止・辺野古新基地建設断念を求める県民集会」（辺野古に新基地を造らせないオール沖縄会議主催）が3月25日、米軍キャンプ・シュワブのゲート前で開かれ、３５００人超（主催者発表）の市民らが集まった。

翁長雄志知事は、名護市辺野古の新基地建設で辺野古沖の埋め立て承認に関し、「撤回を力強く、必ずやる」と初めて明言した。

翁長知事の辺野古での集会参加は、就任以来初めて。

従来「撤回」について翁長知事は、「常に視野に入っている」「しっかり見据えてやる」などと述べていたが、この日の発言で「必ずやる」と踏み込んだ。

撤回の時期については明言しなかった。

翁長知事が明言した「撤回」は承認後の事情の変化を理由に行使が可能で、承認前の事情を理由とする「取り消し」と同様の効果があるという。政府は対抗措置として代執行や行政事件訴訟法に基づく執行停止を検討している。

翁長知事は、「沖縄の新しい闘いがまたこれから始まるということで私も参加した。われわれは心を一つにし、新辺野古基地は絶対に造らせない」と語った。

集会の決議文は、「沖縄県民と全国の多くの仲間の総意として『違法な埋立工事の即時中止と辺野古新基地建設の断念』を強く日米両政府に求める」と強調した。

米軍北部訓練場のヘリコプター着陸帯（ヘリパッド）建設に反対する抗議行動中に逮捕され、約5カ月の勾留を経て18日に保釈された、沖縄平和運動センターの山城博治議長も集会前にゲート前を訪れた。山城議長は長期間勾留されたことに触れた上で、「抑圧される者が、差別と犠牲を強いられる者が、くじけないで頑張り続ける姿を私たちは発信しよう」と、参加者らに力強く訴えた。

大規模な県民集会は、16年12月22日の名護市安部区へのオスプレイ墜落に抗議する集会以来。辺野古移設阻止やオスプレイ配備撤回などを求めた建白書の実現を訴え、新基地建設反対の県民世論が高まっていることを改めて県内外に訴えた。

## 【翁長知事　あいさつ】

# 撤回を、力強く、必ずやる

はいさい。ぐすーよーちゅううがなびら。皆さんの沖縄を思う気持ち、子や孫を思う気持ち、うやふぁーふじを慕う気持ち、こういう県民の誇りが、絶対に辺野古に新基地を造らせないとの思いでここに結集しているんだろう。

大変心強く、心から感謝申し上げる。いっぺーにふぇーでーびる。

私は今年に入ってから辺野古新基地阻止の闘争は新しいステージを迎えると話してきた。山城博治さんの姿も拝見されたようだ。今日を期して、これからの沖縄の新しい闘いがまたこれから始まるんだなという意味で私も参加させてもらった。

まじゅん、さらにちばらなやーさい。なまからどぅ　やいびんどー（一緒に、さらに頑張りましょう。これからですよ）。

今の新辺野古基地の状況を見ると、米軍占領下を思い出す。銃剣とブルドーザーで家屋敷をたたき壊

知事として初めて参加する辺野古の県民集会で、埋め立て承認撤回を初めて明言する翁長雄志氏＝ 2017 年3月 25 日午後、名護市辺野古の米軍キャンプ・シュワブゲート前

して新しい基地を造り、県民の住む場所を奪って今日までやってきた。今、国の辺野古を埋め立てるやり方は、あの占領下の銃剣とブルドーザーと全く同じ手法で、あの美しい大浦湾を埋めようとしていると強く感じている。

私たちはいろんな思いがあると思う。保守革新を乗り越えるだけでも大変だ。しかし子や孫のために、うやふぁーふじ（ご先祖さま）から培ってきた沖縄の歴史・伝統・文化をいかに発揮していくか。われわれは包容力をもって心を一つにし、新辺野古基地は絶対に造らせないということをやっていきたい。

政治は変わってくる、世界情勢も変

わってきている。テレビニュースを見ていると、日本もどうやら変わりつつある。液状化してきている。いつまでも同じものがずっと続くわけはない。国際情勢の大きな流れで、米国と中国が、ロシアと中国が手を結ぶかもしれない中で、ここだけは「辺野古唯一」と全く価値観を変えることなくやる。これでは日本が一流の民主主義国家にはならない。沖縄の新辺野古基地を止めることによって、日本の民主主義を、そして県民の自由・平等・人権を勝ち取っていくことでなければならない。

（辺野古沖の）岩礁破砕許可を無視して通り過ぎていこうとしている。本当はいろんな申請があるのを通り過ぎようとしているのが、私の胸の中に一つひとつ貯金として入っているので、この貯金を基にあらゆる手法をもって（埋め立て承認の）撤回を、力強く、必ずやる。

その中でお互いの思いを、日本国民にも世界にも話して、お互いの地方自治、県民の一人ひとりの安心安全を皆で守っていこう。

ちばらなやーさい。なまからどぅ　やいびんどー。なまからどぅ　やいびんどー。にふぇーでーびる（頑張りましょう。これからですよ。これからですよ。ありがとうございます）。

〔琉球新報・東京新聞主催〕

# 東京・結・琉球フォーラム「知らない知りたい沖縄」

【2017 年 10 月 22 日】

沖縄が日本に甘えているのか、日本が沖縄に甘えているのか。今や米軍基地は沖縄経済発展の最大の阻害要因だ。

東京・結・琉球フォーラム「知らない、知りたい沖縄」で、沖縄県や米軍基地についてのデマや誤解について話す翁長知事＝ 2017 年 10 月 22 日、東京都千代田区の法政大学

# 翁長知事　基地巡る不条理問う
# 沖縄の現状　理解深める

【2017年10月23日　朝刊】

沖縄問題を本土側がどう理解し、横たわる溝を埋めていくべきか——。翁長雄志知事らが出席して、東京・法政大学で10月22日に開かれた東京・結・琉球フォーラム「知らない知りたい沖縄」（琉球新報・東京新聞主催）には約６００人が来場し、沖縄の現状について理解を深めた。

翁長知事は約40分間の講演を、東村高江の米軍ヘリ炎上事故に関する話から切り出し、日本側が捜査に十分関与できないまま事故機が撤去され、米軍側への政府・与党の抗議、要請も顧みられなかったと説明。日米安保の〝現場〟の状況を示し、日米地位協定などがはらむ不条理を浮き上がらせた。

また翁長知事は、名護市辺野古の新基地建設を強行する日本政府の対応について、「米国に抗議しても一顧だにされず、日本の一地域には強圧的に物事を進める。安倍首相が時々言う『日本を取り戻す』の中に、沖縄は入っているのか」と問いかけると、来場者からは納得したような笑い声も上がった。

パネルディスカッションでは、コーディネーターの津田大介さん（ジャーナリスト）が、本土と沖縄との溝を埋めるために必要なことについて問題提起した。東京沖縄県人会元会長の川平朝清・昭和女子大名誉教授と、法政大の田中優子総長から、米軍基地を本土で引き取る運動の広がりや、大学の場を生かした発信の取り組みに可能性を見い出す発言があった。

フォーラムに参加した都内在住の高柳ユミさんは、「朝鮮や台湾との歴史的関係も踏まえた上で沖縄を理解する必要があると感じた。基地や沖縄の問題を、自分自身の問題に引き付けて考えないといけない」と語った。

【翁長知事　基調講演】

# 沖縄の状況こそ「国難」

まず直近に起きた出来事を紹介し、日米地位協定の中の日本政府の立場を話したい。

つい10日ほど前（10月11日）に、（東村）高江という地域でCH53E大型輸送ヘリコプターが不時着し、炎上した。岸田（文雄）自民党政調会長（前外相）がちょうど沖縄に選挙運動で来ていて、米軍のニコルソン四軍調整官を呼んで抗議しようとしたが、一顧だにされなかった。日本政府の前外相が「来い」と言っても米軍は取り合わない。私たちは当事者としてこれまでいろんなことを見させられてきた。

事故では警察は現場に入れなかった。16年12月にオスプレイが名護市の浅瀬に墜落したときも海上保安庁や警察、消防は入れず物事が進んだ。

私たちは事件事故があるたびに沖縄防衛局や外務省の沖縄担当大使と折衝するが、彼らは「米軍に伝える」と言うだけで、全く改善も原因究明もされずに物事が進む。これが地位協定の前線にいる沖縄の状況

翁長知事の話を聞く聴衆＝ 2017 年 10 月 22 日、法政大学

で、日本がこういう形で日米安保条約を結んでいるのは、とても考えられない状況がある。

今回「大義なき解散」と言われる中で、安倍首相が「国難突破解散」と言ったが、私は沖縄がこういう状況を強いられていること、そのものが国難である、という話を県内でしている。

72年前に沖縄では住民を巻き込んだ唯一の地上戦があった。20万人を超す方が亡くなった。ほとんどが収容所に収容され、その間に米軍が沖縄の民有地を整地して飛行場を造り米軍基地にした。ふるさとは基地に変わった。収容所から戻った人たちはその周辺に住まざるを得なかった。

県民が一度たりとも、自分たちで提供した基地は一つもない。今の米軍基地は銃剣とブルドーザーで強制的に収容されたものだ。

（国土の）0・6%に70・4%の米軍専用施設がある今日の変わらない状況、日米地位協定という、日本の法律の及ばない状況の最前線に沖縄はある。最前線で基本的人権や自己決定権、民主主義、地方自治などたくさんのことを、私たちは10万人規模の集会をして訴える。その根底にあるものを理解いただかないといけない。

今インターネットなどで一番言われる誤った認識は、「沖縄は基地で食べているから、振興策をもらい基地を置いておけばいい」というものだ。年末に政府が発表する3千億円規模の沖縄振興策について、他の都道府県と同様に予算をもらい、さらに加えて振興策ももらっているなら基地を預かるのは当たり前だ、という誤解だ。

他の都道府県とは違い沖縄県だけは日本復帰後、沖縄開発庁（現内閣府）が要望を聞き、一括計上で沖縄振興策の予算として要求しているだけで、余分にもらっていると思われてしまっている。

今や、米軍基地は沖縄経済発展の最大の阻害要因だと私は申し上げている。戦争が終わったときの県民所得に占める基地収入は50%、復帰した45年前が約15%。今は約5%で、沖縄経済を脅かすほどではない。

まだ残っている米軍専用施設が返されたときの沖縄経済の発展というのは、大変なものがある。

ただ一つ、怖いのは平和が崩れることだ。万が一、戦争が起きたりすると、沖縄の置かれているものは全部崩れてしまう。米国の9・11同時多発テロでは、遠い国の出来事と思っていたが、米軍基地があるということで沖縄の観光客が3割減になった。万が一、尖閣諸島で小競り合いがあり死傷者が出るようなことがあれば、100万人の観光客が来る石垣市にも人が来なくなるのではないか。圧力がどうだという話もあるが、究極的には平和でなければいけない。

時々、安倍さんが「日本を取り戻す」という話をするが、その日本には沖縄は入っているのか。「戦後レジームの脱却」についても、北朝鮮がミサイルを撃つたびにアメリカにすり寄っており、脱却というより「戦後レジームの完成」としか私には思えない。

普天間飛行場が返されるとどれだけ沖縄の米軍基地がなくなるか。米軍北部訓練場約4千ヘクタールが16年12月に返還されたが、それでもなくなったのは約3%で、沖縄にある在日米軍専用施設は73・8%から今70・4%になった。

普天間飛行場が返還されて減るのは0・7%だ。その代わりに、新辺野古基地として約160ヘクタールが埋め立てられ、基地が造られる。普天間飛行場は絶対に県内移設をさせない。

私は嘉手納基地に反対するとか、それ以外の70・4％のうち9割の米軍基地について、特に今出て行けという話はしていない。ただ普天間飛行場だけは、沖縄の名誉にかけ、日本の主体性や自立という意味からしても、これくらいだけは（新基地は造らせない）という思いだ。

これからも沖縄に理解をいただければ、ありがたいし、一緒に日本の国の民主主義、地方自治を考えていきたい。

# 普天間第二小学校に米軍ヘリの窓落下

【2017 年 12 月 13 日】

一番守らなければならないのが子どもたちだ。本当に言葉にならない気持ちだ。

普天間第二小学校の運動場に落下した米軍機の窓と現場を調べる沖縄防衛局職員ら＝ 2017 年 12 月 13 日（宜野湾市提供）

# 米軍ヘリ窓落下　授業中の校庭へCH53の部品

# 県、米軍全機停止を要求

【2017年12月14日 朝刊】

宜野湾市の普天間第二小学校の運動場に12月13日午前10時すぎ、米海兵隊普天間飛行場所属のCH53E大型輸送ヘリコプターから、約90センチ四方で重さ約7・7キロの窓が落下した。運動場には2年生と4年生ら計約60人が体育の授業中で、窓は児童から10メートルほど離れた地点に落ちた。落下直後に左腕に小石が当たった4年生の男児が痛みを訴えたが、目立った外傷はない。

県は在沖米軍に抗議し、安全確認と原因が究明されるまで、CH53だけでなく戦闘機も含む県内の全米軍機の飛行停止を求めた。加えて日本政府には普天間飛行場の5年以内の運用停止の早期実現を要求した。相次ぐCH53の事故で県民の反発は必至だ。

米軍機の部品落下は日本復帰後、12月7日に部品落下があった緑ケ丘保育園の事案を含めて、今回で69件。窓はアクリル製とみられ、外枠は金属製だった。宜野湾署が現場で検証し、窓を回収した。業務上過失傷害などの容疑で立件が可能かも含め調査を進める。

県庁で県の抗議を受けた米海兵隊太平洋基地司令官のポール・J・ロック准将は謝罪した上で、「(落下事故時) CH53は全て普天間飛行場に帰還させ、現在は飛んでいない」としたが、県が求めた全機種の飛行停止要求には明確な回答を避けた。

翁長雄志知事と吉田勝広政策調整監、佐喜真淳宜野湾市長は13日、事故の報を受けてそれぞれ現場を確認した。翁長知事は14日、上京し政府に抗議する。

普天間第二小の喜屋武悦子校長は、現場で沖縄防衛局の中嶋浩一郎局長に同校の上空を飛行しないよう求めた。喜屋武校長は取材に「飛ばないとの回答がなければ運動場の使用を再開できない」と語った。

県警は米軍に対し、口頭で窓が外れた機体の調査や乗組員の事情聴取を求めたが、米軍側から回答はないという。

小野寺五典防衛相は13日、羽田空港で記者団に、米軍に飛行自粛を求める姿勢を示した。中嶋防衛局長は米軍側に飛行停止を求めた。

防衛局によると、窓は操縦席の左側。ヘリが離陸直後、小学校付近を通過した際に外れて落下。ヘリは直後に飛行場へ戻った。

県の富川盛武副知事が13日午後、川田司沖縄担当大使と中嶋防衛局長、ロック基地司令官、ジョエル・エレンライク在沖米総領事を県庁に呼んでそれぞれ抗議文を手渡した。

## 知事「県民差別だ」再三の事故、日米を批判

翁長雄志知事は13日、CH53Eヘリから部品が落下した普天間第二小学校を訪れ、「一番守らなければならないのが子どもたちだ。本当に言葉にならない気持ちだ」と述べた。

さらに知事は県庁に戻り、「県民の代表として差別としか言いようがない。日本、極東の安全保障のために沖縄の人はどうなってもいいというようにしか見えない」と憤った。

県は在沖基地の米軍機全機種の飛行停止を求めた。

翁長知事は小学校を視察後、その足で7日に落下事故が起きた同市野嵩の緑ヶ丘保育園を訪れ、現場を確認した。

名護市でのオスプレイの墜落、東村高江でのCH53Eの炎上など度重なる事故を挙げ、「日常的に起こり得るものに米軍も日本政府も対応できない。日本政府の当事者能力が大変弱い。米軍も全く私たちの言うことに耳を貸してない」と日米両政府の姿勢を批判。

その上で「(抗議を)何十回も何百回も繰り返してもできない。改めて対応の仕方を考える必要がある」と述べた。

# 沖縄全戦没者追悼式
# 沖縄慰霊の日「平和宣言」

【2018 年 6 月 23 日】

「辺野古に新基地を造らせない」という私の決意は県民とともにあり、これからもみじんも揺らぐことはありません。

沖縄全戦没者追悼式で平和宣言を読み上げる翁長知事＝ 2018 年6月 23 日午後、糸満市摩文仁の平和祈念公園

# 争いなき世界を―沖縄「慰霊の日」
## 戦争の教訓　次世代へ

【2018年6月24日　朝刊】

沖縄は23日、沖縄戦から73年の「慰霊の日」を迎え、20万人を超える戦没者の冥福を祈る、県と県議会主催の「沖縄全戦没者追悼式」が、糸満市摩文仁の平和祈念公園で執り行われた。遺族ら約5100人が参列し、教訓を次世代につなぎ、恒久平和を求めることを誓った。翁長雄志知事は名護市辺野古の新基地建設を阻止する決意を改めて示した。

翁長知事は平和宣言で、戦後73年の現在も米軍専用施設の70・3％が沖縄に集中する現状を強調。6月12日に行われた史上初の米朝首脳会談によって、東アジアを巡る安全保障環境が大きく変化していると指摘し、辺野古の新基地建設は「全く容認できるものではない」と強く否定した。

安倍晋三首相や衆参両院議長、関係閣僚らも出席。安倍首相は3月に西普天間住宅地区が日本側に引き渡されたことに触れ、「できることは全て行うという方針の下、沖縄の基地負担軽減に全力を尽くす」と述べた。

辺野古移設や米朝首脳会談については言及しなかった。

県内登壇者からは米軍基地についての発言が相次いだ。浦添市立港川中3年の相良倫子さんは平和の詩「生きる」を朗読し、戦争の悲惨さと不戦を訴えた。

沖縄戦などで亡くなった人の名前を刻んだ公園内の「平和の礎」には23日の朝早くから多くの遺族らが足を運び、花や食べ物を供えた。

礎に刻まれた名前は総数24万1525人。訪れた人たちは戦争で命を落とした家族や知人らを悼み、平和の大切さをかみしめた。

## 【翁長知事　平和宣言】

20数万人余の尊い命を奪い去った地上戦が繰り広げられてから、73年目となる6月23日を迎えました。私たちは、この悲惨な体験から戦争の愚かさ、命の尊さという教訓を学び、平和を希求する「沖縄のこころ」を大事に今日を生きています。

戦後焼け野が原となった沖縄で、私たちはこの「沖縄のこころ」をよりどころとして、復興と発展の道を力強く歩んできました。しかしながら、戦後実に73年を経た現在においても、日本の国土面積の約0・6%にすぎないこの沖縄に、米軍専用施設面積の約70・3%が存在し続けており、県民は、広大な米軍基地から派生する事件・事故、騒音をはじめとする環境問題等に苦しみ、悩まされ続けています。

昨今、東アジアをめぐる安全保障環境は、大きく変化しており、先日の米朝首脳会談においても、朝鮮半島の非核化への取り組みや平和体制の構築について共同声明が発表されるなど緊張緩和に向けた動きが始まっています。

平和を求める大きな流れの中にあっても、20年以上も前に合意した辺野古への移設が普天間飛行場問題の唯一の解決策と言えるのでしょうか。日米両政府は現行計画を見直すべきではないでしょうか。民意を顧みず工事が進められている辺野古新基地建設については、沖縄の基地負担軽減に逆行しているばかりではなく、アジアの緊張緩和の流れにも逆行していると言わざるを得ず、全く容認できるものではありません。

「辺野古に新基地を造らせない」という私の決意は県民とともにあり、これからもみじんも揺らぐことはありません。

これまで、歴代の沖縄県知事が何度も訴えてきた通り、沖縄の米軍基地問題は、日本全体の安全保障の問題であり、国民全体で負担すべきものであります。国民の皆様には、沖縄の基地の現状や日米安全保障体制のあり方について、真摯《しんし》に考えていただきたいと願っています。

東アジアでの対話の進展の一方で、依然として世界では、地域紛争やテロなどにより、人権侵害、難民、飢餓、貧困などの多くの問題が山積しています。世界中の人々が、民族や宗教、そして価値観の違いを乗り越えて、強い意志で平和を求め協力して取り組んでいかなければなりません。

かつて沖縄は「万国津梁《しんりょう》」の精神の下、アジアの国々との交易や交流を通し、平和的共存共栄の時代を歩んできた歴史があります。そして、現在の沖縄は、アジアのダイナミズムを取り込むことによって、再び、アジアの国々をつなぐことができる素地ができており、日本とアジアの架け橋としての役割を担うこどが期待されております。

その期待に応えられるよう、私たち沖縄県民は、アジア地域の発展と平和の実現に向け、沖縄が誇るソフトパワーなどの強みを発揮していくとともに、沖縄戦の悲惨な実相や教訓を正しく次世代に伝えていくことで、一層、国際社会に貢献する役割を果たしていかなければなりません。

本日、慰霊の日に当たり、犠牲になられた全てのみ霊に心から哀悼の誠を捧げるとともに、恒久平和を希求する「沖縄のこころ」を世界に伝え、未来を担う子や孫が心穏やかに笑顔で暮らせる「平和で誇りある豊かな沖縄」を築くため、全力で取り組んでいく決意をここに宣言します。

# 前知事の辺野古埋め立て承認「撤回」手続き表明

【2018 年 7 月 27 日】

国はとんでもなく固い意志で、なにがなんでも沖縄に新辺野古基地を造ろうとする。だが、私からすると、美しい沖縄の海を埋め立てる理由がない。

翁長沖縄県知事（左端）の埋め立て承認撤回表明が行われた会見場＝ 2018 年 7 月 27 日、沖縄県庁

# 翁長知事、土砂投入阻止図る
# 辺野古承認撤回、政府は対抗策に自信

【2018年7月28日 朝刊】

米軍普天間飛行場（沖縄県宜野湾市）の移設に伴う名護市辺野古の新基地建設計画を巡り、沖縄県の翁長雄志知事が前知事の埋め立て承認を撤回する手続きに入った。8月上旬に沖縄防衛局側の言い分を聞く聴聞を開催する見通しだ。8月17日以降に土砂を投入する方針を示す政府は、意に介さず辺野古新基地建設を進める姿勢を崩さない。辺野古新基地建設を巡る県と国の闘いは重大局面に突入しようとしている。

翁長知事は、撤回を表明した記者会見で新基地建設の工事状況を「傍若無人」と表現するなど政府批判を繰り広げた。記者団の質問に言葉が少なかった26日以前と打って変わり「翁長節」（知事周辺）が飛び出した。質疑応答は予定を10分ほど超えて続けられた。

会見冒頭、用意した発表文を読み上げるのに先立ち、東アジアの緊張緩和に言及し「20年以上も前に決定された辺野古新基地建設を見直すこともなく強引に押し進めようとする政府の姿勢は到底容認できるものではない」と非難した。6月23日の「慰霊の日」に発した平和宣言と同様、「平和を求める大きな流れからも取り残されている」ととがめた。

「美しい辺野古を埋め立てる理由がない」。県からの繰り返される行政指導に従わない国の姿勢について意見を問われると、用意された原稿は一切見ずに、手振りを交えて思いを語った。「（政府は）とんでもなく固い意思で沖縄に新辺野古基地を造るという思いを持っている」

翁長知事は来週から2019年度沖縄関係予算の概算要求に向けた要請行動に臨む。膵臓《すいぞう》がんの療養で長距離移動を伴う出張は控えていたが、強い希望で自ら東京に赴く。撤回表明は国庫要請後になるとの見方もあったが、翁長知事は真っ向から挑む姿勢を隠さなかった。

27日の記者会見で、沖縄振興予算を基地とリンクさせて増減させる政府への不満をにじませ、それに依存する県内の一部政治家にも矛先を向けた。「私のような者が出てきて反対したら『振興策は厳しくなるぞ』というような状況に、（この先）何十年も沖縄が置かれていいのか」

政府は県が「撤回」に向けた聴聞《ちょうもん》手続きに入ることついて、「聴聞通知書が届いたら内容を精査の上、適切に対応したい」（小野寺五典防衛相）などと述べるにとどめ、今後の対応についての明言は避けた。防衛省関係者は、翁長氏が昨年から撤回を明言していたことに触れ、「こちらもあらゆる出方を想定し工事を進めてきた。知事の会見内容も驚くものはない」と自信をのぞかせる。

聴聞手続きを経て翁長氏が撤回すれば移設工事は止まる見込みだが、政府は直ちに撤回の処分執行停止の申し立てや、撤回の取り消しに関する訴訟を提起するなどの対抗策を検討している。執行停止が認められれば工事は再開される見込みで、政府関係者は「再開まで時間はかからないだろう」と見通す。

11月の知事選への影響を避けるため、早い段階で埋め立てに着手し既成事実化を進める狙いが政府にはある。だが、防衛省幹部は8月17日にも予定している辺野古沿岸への埋め立て土砂投入について、「撤回されれば期日の意味はなくなる」として、スケジュールが後ろにずれこむ可能性も示唆する。

政府は今後の県の聴聞に応じる構えだ。県は土砂投入前に撤回に踏み切りたい考えだが、聴聞手続きが長引けば、先に政府が土砂を投入する可能性もあり、不透明な情勢が続く。

翁長知事は撤回の時期を示さず、政府も撤回された場合の対応方針を明らかにしていない。今後予想される攻防に向け、互いに腹の内を探り合う駆け引きが既に始まっている。

【翁長知事　記者会見】

# 辺野古埋め立て承認「撤回」表明

はいさい。ぐすーよーちゅううがなびら。

発表事項に入ります前に辺野古米軍基地建設のための埋め立ての賛否を問う県民投票条例の署名活動が7月23日に終了し、主催者によると中間集計で必要署名数約2万3千筆を大きく上回る、約7万7千筆もの署名が集まったとのことであります。

署名活動に取り組まれた皆さまのご努力に心から敬意を表するとともに、政府におきましてもこれほど多く県民が署名を行った重みについて、しっかりと向き合ってもらいたいと思います。

東アジアにおきましては南北首脳会談、あるいはまた米朝首脳会談の後も、今月上旬には米国務長官が訪朝し、24日にはトランプ大統領が北朝鮮のミサイル施設解体を歓迎するコメントを発するなど、朝鮮半島の非核化と緊張緩和に向けた米朝の努力は続けられている。

このような中、20年以上も前に決定された辺野古新基地建設を見直すこともなく強引に推し進めようとする政府の姿勢は、到底容認できるものではありません。

私としては平和を求める大きな流れからも取り残されているのではないかと危惧していることを申し上げた上で発表事項に入らせていただきます

## 【知事コメント「聴聞手続きに関する関係部局への指示について」読み上げ】

本日、辺野古新基地建設に係る公有水面埋め立て承認の撤回に向け、事業者である沖縄防衛局への聴聞の手続きに入るよう、関係部局長に指示をしました。

辺野古新基地建設に係る公有水面埋め立て処分には「環境保全及び災害防止に付き十分配慮」という基幹的な処分要件が事業の実施中も維持されるために、事前に実施設計や環境保全対策等について協議をすることや、環境保全図書等を変更する場合には、承認を得ることなどを事業者に義務付けて留意事項を付しております。


しかし沖縄防衛局は、全体の実施設計や環境保全対策を示すこともなく公有水面埋め立て工事に着工し、また、サンゴ類を事前に移植することなく工事に着工するなど、承認を得ないで環境保全図書の記載等と異なる方法で工事を実施しています。

留意事項で定められた事業者の義務に違反しているとともに、「環境保全及び災害防止に付き十分配慮」

という処分要件も充足されていないものと言わざるを得ません。

また、沖縄防衛局が実施した土質調査により、C護岸設計箇所が軟弱地盤であり護岸の倒壊などの危険性があることが判明したことや活断層の存在が専門家から指摘されたこと、米国防総省は航空機の安全な航行のため飛行場周辺の高さ制限を設定しているところである国立沖縄工業高等専門学校の校舎などの既存の建物等が辺野古新基地が完成した場合には高さ制限に抵触していることが判明したこと、米国会計検査院の報告で辺野古新基地が固定翼機には滑走路が短すぎると指摘され、当時の稲田防衛大臣が、辺野古新基地が完成しても民間施設の使用改善等について米側との協議が整わなければ普天間飛行場は返還されないと答弁したことにより、普天間飛行場返還のための辺野古新基地建設という埋め立て理由が成り

辺野古埋め立て承認撤回を表明する翁長知事

立っていないことが明らかにされるなど、承認時には明らかにされていなかった事実が判明しました。

これらの承認後の事実からすれば、「環境保全及び災害防止に付き十分配慮」の要件を充足していないとともに、「国土利用上適正かつ合理的」の要件も充足していないものと認められます。

この間、県では、さまざまな観点から国の埋め立て工事に関する内容を確認してきましたが、沖縄防衛局の留意事項違反や処分要件の事後的不充足などが認められるにもかかわらず、公有水面埋め立て承認処分の効力を存続させることは、公益に適合し得ないものであるため、撤回に向けた聴聞の手続きを実施する必要があるとの結論に至ったところです。

私は、今後もあらゆる手法を駆使して、辺野古に新基地は造らせないという公約の実現に向け、全力で取り組む考えであります。

## 【記者との質疑応答】

――1点目はタイミングについて。承認取り消しの訴訟、県の敗訴が確定してから、1年7カ月、知事が撤回を必ず行うと明言してから1年4カ月たった。その間法的に慎重に検討を進めるという一方、早期の撤回を求めるという知事の支持者からの声も非常に多かったと思う。ここの時期にこのタイミングで撤回した理由と、判断が遅れたと考えるか、そうではないと考えるかお聞かせください。

「県の敗訴から1年7カ月、昨年3月には撤回を必ず行うと、本会議場でも、いろんなところで時期などに関してそれなりに答弁をし、皆さま方のその時々の記者会見でもお話しをしてきたと思っている。1番目には法的な観点からの検討を丁寧に行うというようなことが一番重要というのがありましたから、慎重にこの検討を重ねてきた。

県としては留意事項に基づく事前協議、サンゴ類の移植をはじめとした環境保全措置など、沖縄防衛局へ行政指導など行ってきたことも踏まえ、日々の国の動きと全体的な流れを勘案しながら、あらゆる状況を想定して検討してきた。

6月12日に防衛局が県赤土等流出防止条例に基づく事業行為通知書を提出し、土砂投入に向けた手続きを行ったことや、7月17日に行った工事停止要求に全く応じる姿勢がみられなかったことを踏まえて、総合的に判断して、撤回に向けて聴聞手続きに入るよう、関係部局に指示を行ったところです。

この件に関しては具体的な流れやタイミングいろいろある。そういった4年間のことを考えると、取り消しがあって、最高裁判所の判決があって、現場でもいろんなことがあって、オール沖縄という意味合い、あるいは国と国政与党とのいろんな私からするとそんなことでいいのかなと思ったりするようなこともありましたけど、そういったこと一つひとつ吟味しながら、撤回の時期をしっかり把握して、そして私の4

年前の県民の理解をいただけるよう、公約を発表し、負託されたことについて一つひとつ、実現に向かっていこうと、そういうことも総合的な流れの中にあったということも、今付け加えておきたい」

——撤回後の話になるが、国との訴訟に発展した場合、裁判が1期目の任期中に終わらないこともあると思う。撤回に今踏み切る知事として、知事の責任として、その2期目をどう考えているのか。2期目に出る出ないは別として、公務復帰から2カ月がたった今、2期目に出馬するほど体調が回復したのか、教えてほしい。

「私も政治生活に入って35年ですか、市会議員、県議会議員、那覇市長4期、知事にもこういう形で皆さんに受け答えしております。

そういう中で、政治がいかにダイナミックにその都度その都度動いているかということをよく私は承知しております。なんせ5、6年前は自民党県連と一緒に辺野古基地反対ということで、向こうからしたらオールのいわゆる枠組みが崩れたとおっしゃっていると思いますけれども、私からすると、声を一つにして『沖縄には基地を造らせない、いくらなんでも（国土面積）0・6％に七十数％（の米軍基地）をこれから何十年間もいりません』と、いうようなことでご一緒した。

あのときの蜜月時代をよく覚えている。それが急に中央から手が差し伸べられると、私から見ると、とても反論できるような国政与党ではないというような状況にある。そういったことを踏まえて私からすると政治はいつもダイナミックに動いている、ですから、その時々の出来事等々は、私の三十数年の中でいろいろ思い出すことがございます。

ですから今回の私の4年間の負託というものは、私が4年前にしっかりと公約で約束したものを、しっかりと築き上げていく、守っていく、というものが今日まで本会議場であれ、答えてきたように、一日一日の公務を遂行するために頑張っていきたいと思っているわけであります」

――体調を理由に2期目の出馬を断念することは考えていない？

「日々、一日一日ですから。今ちょっと足、外反母趾《ぼし》で、痛めてちょっと歩くのきついくらいなんですが、人生は昨日おとといなかったものが、今日こうして外反母趾になって歩きにくくなるようなことがありますので、それも含めて、考えていきたいと思います」

――2問聞きたい。1問目は実際の正式撤回の時期について。政府は8月17日以降に土砂投入すると通知しています。知事として聴聞手続きを開始するということですが、実際の撤回決定の時期について土砂投入の前にしたいという考えがあるか。

**知事公室長**「それではお答えします。沖縄防衛局は留意事項が整わないまま工事に着工し、再三にわたる沖縄県の行政指導にも従わずに工事を強行しております。このような状況の中で環境に深刻な影響を与える土砂投入を行うことは、到底容認できるものではないと考えております。

一方で撤回につきましては、法的な観点からの検討を丁寧に行った上で対応する必要があると考えており、聴聞の調書、報告書等も参酌して、適切な時期に最終的な判断を行政の長の方で行うことになろうかと思っております」

――2問目です。撤回に向けた聴聞手続きに入った理由について。知事は常々、環境上看過できない状況になれば撤回すると繰り返してきた。看過できない理由になった点については。

「常々看過できないという話をさせていただいた。本当に傍若無人なこれまでの工事状況だというふうに思っております。法的には向こう側にも言い分があるかもしれないが、環境保全対策、事前協議が整わない中で工事を進める。あるいは軟弱地盤などもしっかり調査して分かっている中で無視してやっていく。こういうものは普段からそれに値するものがあったかと思っている。こういう司法、行政手続き、いろんなものの中で私たちは慎重にやっていかなければなりませんから、看過できないものをより一層高めて、時間がたてばたつほどその事項が増えてくるものですが、時間がたつほど埋め立てられていくものですので、この兼ね合いは難しいものでありますが、こういうことも含めて今看過できない状況を、冒頭でも申し上げました赤土防止条例も含めて時期的なものを私たちは判断したということだと思っております」

――撤回に踏み切る理由として再三にわたる工事停止に応じていないことを挙げている。傍若無人だという表現もあった。国が県のこうした行政指導を顧みることなく進めていることに国にどんな狙い、思惑があると考えているか。

「何が何でも沖縄に新辺野古基地を造る、この固い、固いというとなんとなく意思決定としては言葉遣いはいい感じがしますが、私からするととんでもない固い決意でですね、沖縄に新辺野古基地を造るという思いがあると思っている。

いろいろと土砂を投げ入れようとしたり、あるいは4メートルの壁を造って歩行者道路を縮めたり、あるいは直接新辺野古ではない場合もこの重機などを住民の上、村民の上から運んでいく、私はこういうことを政府がやることについて日本国民などが全く違和感のない中で『沖縄に造るのは当たり前だ』というようなものがあるのではないかということで、大変、私個人的には憤りを持って見ている。

ですが、この新辺野古基地を造るということも、冒頭若干申し上げましたが、今の北朝鮮問題、北東アジア、あのダイナミックにアメリカのトランプと金正恩が握手をして抱き合うぐらいの気持ちで、あの緊張緩和をしている。

実際上実るか実らないかは別として、ああいう大胆な動きの中で米韓合同演習を中止し、北朝鮮もどういう施設か分かりませんが爆破して、一定程度その気持ちに応える。中国は中国でロシアはロシアで、その後ろからこの北東アジアの平和に対して行く末に対してしっかりと見定めている中に、おかしくないでしょうかね、

皆さん。20年以上前に合意した新辺野古基地。あのときの抑止力というのは北朝鮮であり、中国なんで

すよね。

こういったことなどが20年前に、沖縄でなければならないということで新辺野古基地の建設が決まり、そして、いろいろ苦節を経て今日まで来ている。


今のトランプや金正恩や韓国の大統領この方々が、平和に対する思い北東アジアに対しての思いをいろんな形でやっている時に、私は安倍総理は戦後レジームからの脱却という言葉もよく使っていましたが、最近使わなくなりました。

日本を取り戻す、と言っていましたけども、その中に沖縄が入っているのかということにも答えていただけませんでした。一番日本にとって大切な北東アジアの政治情勢、国際情勢に手をこまねいて大切な拉致問題に関しても他人任せというのが今の状況だ。数カ月後には分かりませんけども。

こういう状況の中であの美しい新辺野古基地を埋め立てていく。もう理由がないんですよ。私からすると。で、ワシントンDCに行った時にはペリー長官もお名前を申し上げませんが、たいがいの方々が北朝鮮の抑止力、尖閣の抑止力、そういうことで言われておったが、一番は北朝鮮だ。自分たちは沖縄でなくともいいと言ったが、日本政府が沖縄でなければならないと言ったというんですね。

私たちが理由を問うていくと、お金はどっちが出すかということで連邦下院、上院議員30人ずつお会いしましたけども、お金は誰が払うかなんですよ、いや1兆円ぐらいかかるが日本政府が払いますよと。だったら日本の国内問題ということでいいんじゃないかというような形でやっている。

アメリカは軍事費も含めていろんな形でいこうとしている中に、日本だけが何を守ろうとして新辺野古基地を造ろうとしている（のか）。

こういったようなことは沖縄県民からすると、長い歴史とこれからの見通し（に関わる）。稲田防衛大臣が固定翼機や飛べるものができなければ普天間返しませんよと言った時からもう既に10年、15年がたっている。

いわゆる、駄目だと言ったでしょう。固定翼機がなければ、新辺野古基地ができあがっても、これオスプレイが使うのであって新しい飛行場はどこが出す、沖縄だろう、本土は理解がないから沖縄がやるべきだと10年後、私みたいのが出てきて反対したら、じゃあそういった意味での振興策は厳しくなるぞというようなことでこれから以降の沖縄も何十年先も（基地を）置かれていいのかというところをご理解いただかなければならない。

アジアのダイナミズムを取り入れ、アジアが沖縄を離さない。沖縄はアジアの地政学的な意味も含めて経済ということでは大変大きな立場になってきている。こういったことなどを平和的利用、アジアの中の沖縄の役割、日本とアジアの懸け橋、こういったところに沖縄のあるべき姿があるんではないかと思う。

いつかまた切り捨てられるような沖縄ではできない。この質問にこんなに長く答えていいのかということもあるかもしれないが、思いがないとこの問題には答えられないんですよ。この思いをみんなでどういうふうに共有して何十年後の子や孫にね、私たちの沖縄は何百年も苦労してきたんだから、今やっと沖縄が飛び立とうとしている訳だから、そしてそれは十二分に可能な世の中になってきているんで、そういう中で飛び立とうとしているのを足を引っ張ろうとして、また沖縄はまあ振興策もらって基地を預かったらいいんですよなどというものが、これから以降もこういうのがあったら、沖縄の政治家としてはこれはとても今日までやってきた政治家が、私と別なことを言っている場合には、私からすると容認できないというような思いだ」

――承認撤回は移設阻止の最後のカードと言われている。知事はあらゆる手法を駆使して造らせないという公約を今後、どのように実現していくのか。

「撤回というと、まず裁判に勝たないといけない。本会議でも話をしたので問題ないと思いますが、今の日本の米国に対しての従属は、日本国憲法の上に日米地位協定があって、国会の上に日米合同委員会がある。このふたつの状況の中で日本はアメリカに対して何も言えない状況がある。これはもし違うなら反論しながら『そうじゃないよ。ちゃんと憲法が日米地位協定を抑えているよ、国会も日米合同委員会から報告させているよ』と日本の最高権力がそうやっているならいいが、F15から何から飛んでいくのをみんな日米合同委員会で決められて、何も問題がないということで国会でも議論にならない。

こういう中で撤回ができないときにどうなるんだと、効力を発しないときどうなるんだとなりますが、それこそ米韓合同軍事演習がストップしたこと、トランプさんが金正恩と会ったこと、アジアが大きく変わりつつあること、アジアは経済ということから世界の中で一番発展していますから、アジアは中国とも米国とも安保条約を結んでいるところはベトナムでもタイでもどこもありませんのでね、距離を測りながら国際外交をやっている。

日本だけが寄り添うようにして米国とやっている。それに関して司法も行政もなかなか日本国民、今の現状から言うと厳しいものがあるかもしれませんが、そういう動きは必ず日本を揺り動かす、今の日本の動きではアジアから閉め出されるのではないかというものを感じている。その辺のところは撤回以外にも何か変わる要素がありますか、というところにも入ってくると思いますね」

【翁長樹子《みきこ》さん　インタビュー――２０１８年９月７日　朝刊】

# 「できることは精いっぱいやった」と病床で

知事在任中の8月8日に急逝した翁長雄志知事（享年67）の妻、樹子さん（62歳）が9月6日、那覇市内の自宅でインタビューに応じ、翁長氏が4月下旬に膵臓《すいぞう》がんの切除手術を受けた直後に、肝臓への転移が発覚していたことを明かした。翁長氏は「12月まで持たないかも知れない」と死を覚悟しながら、家族以外には病状を伏せ、名護市辺野古の埋め立て承認撤回のために公務を続けていた。

樹子さんは「自分で最後まで撤回をやり遂げたかったと思う。でも、副知事ら県庁の人たちが遺志を継いで頑張ってくれたことを喜んでいるはずだ」と語った。

7月27日に承認撤回を表明する記者会見を開いた翁長氏は、まともに歩けないほどの衰弱を隠していた。再入院した病室で「県民に足りないと言われるかもしれないけど、自分にできることは精いっぱいやった」と語る翁長さんに、樹子さんは「あなたに足りないと言うウチナーンチュはいない」とねぎらった。

「『県民が右と左で対立しているのを、後で笑っている人たちがいる。だから沖縄は一つにまとまらないといけない』とずっと言っていた。最期まで命懸けでウチナーンチュのために闘っていた」

## ＊希望捨てずに、夫を支えて

翁長雄志知事の死去から9月8日で1カ月を迎える。政治生活を二人三脚で支えてきた妻、樹子さんは、那覇市長時代に胃がんを克服した翁長氏が、今度も病魔に打ち勝つと希望を捨てなかった。しかし、壮絶な闘病を世間に隠してまで公約を貫こうとする夫の姿に、政治家の妻としての思いは揺れ動いた。埋め立て承認撤回が目前までたどり着き、樹子さんは「後の命は要りませんから、撤回まで人前で真っすぐ立てるようにしてください」と主治医にすがっていた。

翁長氏の体に変調が現れたのは、今年に入って体重が60キロ台まで落ち込んだことだった。樹子さんは「胃がんを患った際に『80キロを割ったのは中学以来だ』と言っていたくらい元々は大きな人だった。痩せて見えないようにと、実は下着を3枚重ねて着ていた」と明かす。

4月に検査入院で膵臓がんが判明した。病部を切除する手術を受けたが、1週間後に心臓の不調を来した。検査の結果、がん細胞が飛び散り、肝臓転移が分かった。さまざまな抗がん剤を試したがどれも効果が出ず、副作用にも苦しんだ。口内炎がひどくなり食事も進まず、水を飲むことさえ困難になっていった。

翁長氏は7月27日に記者会見で埋め立て承認撤回の方針を表明した。だが会見の前夜には、知事公舎に帰るなり、玄関に置いてあるいすに3分ほど座り込んだ。立ち上がってもすぐに台所やリビングのいすで休んでは息を整えた。玄関から着替えのため寝室に入るまで20分かかるほど、体力は衰えていた。

会見の日の朝、「記者の質問に答えることができるだろうか」と弱音を吐いた翁長氏を、樹子さんは「大丈夫よ。できるでしょ」と送り出した。ただ、「撤回という重大な決断をするのに、判断力がないと思われてしまうわけにいかない。不安だったと思う」と夫の心中を推し量る。

会見を終えて帰宅した翁長氏が、「30分くらい自分の言葉で話ができた。よく保てた」とほっとした表情で報告するのを聞き、樹子さんは「神様ありがとう」と心の中で叫んだ。

だが、会見から3日後の7月30日、病状が進み翁長氏は再入院する。翁長氏はがんの発覚後、死が迫ると感情を制御できず家族に当たってしまうことを心配していた。「そうなってもそれは本当のお父さんじゃないからね」と子どもたちに語っていたという。樹子さんは「治療の選択肢はどんどん狭まっていったが、最期まで、いつも通りのお父さんだった」と目頭を押さえた。

保守政治家として「政治は妥協の芸術」を信条とした翁長氏だったが、辺野古新基地建設阻止だけは譲らなかった。「樹子、ウチナーンチュはみんな分かっているんだよ。生活や立場があるけど、未来永劫《えいごう》、沖縄が今のままでいいと思っている県民は一人もいないよ」という言葉が忘れられない。樹子さんは「県民の思いが同じであれば、いつまでも基地問題を挟んで対立しているのは政治の責任でしかない」と訴える。

承認を撤回して海上工事を止めれば、県職員まで損害賠償が及ぶと国がちらつかせたことを翁長氏は知事として気に病んでいた。樹子さんは記者に、「国が一般職員にまで脅すなんて不条理が本当にあるのでしょうか。それにもかかわらず、そう出てくると言うならば、その時こそペンの出番よ」と言葉をかけた。

政治家
翁長雄志

# 尊厳、「保守」するため闘った

【2018年8月14日 朝刊】

「圧倒的な外部の力に対する沖縄住民の反応パターンは、自治、人権など民主主義の基本的な権利、土地、文化、歴史など沖縄固有のものを守ろうと徹底的に抵抗する勢力と、民主主義の価値、沖縄固有のものを大切にする点では同じでも、沖縄社会の利益、特に経済的な利益を優先して、外部の力と手を結ぼうとする勢力とに分かれる。沖縄の政治には、いつも二つの勢力のせめぎ合いがみられる。瀬長さんは前者の代表選手である」

この文章は2001年10月5日に瀬長亀次郎氏が死去した際に、当時本紙論説委員長だった高嶺朝一さんが筆を執った評伝からの一節だ。政治部記者として沖縄を見るための視座として心にとめてきた。

小さな島で外部の力にあらがう者、協調しようとする者、表向きはせめぎ合い対立していても、沖縄固有の価値を守り、圧倒的な力にのみこまれず生き延びようとする根底の目標は一致している。取るべき道の選択で生まれる対立や葛藤への苦悩は、中国と薩摩の従属のはざまにあった琉球時代から続く、沖縄に生きる政治家の宿命だ。

そうして右に左に揺れ続ける沖縄の人々の政治行動は、外部から見れば矛盾に満ち、議論が堂々巡りした稚拙なものに映るかもしれない。複雑な県民感情のひだを理解できないことから来る本土側のいら立ちは、「結局は基地がないと経済が困るんでしょ」といった物言いに表れる。

基地問題を巡って保守と革新とに分かれた〝白黒闘争〟の政治を克服し、「イデオロギーではなくアイデンティティー」で県民が一つになることを訴えた翁長雄志知事に、私たちは別れを告げた。

退院後のやせ細った姿は、本来であれば仕事を辞して病気の治療に専念すべき状態だったことは間違いない。

強大な日米両政府の圧力に対峙《たいじ》し、命を賭して沖縄の指導者としての職責を貫いた悲壮な覚悟と孤独を思うと、その生きざまに心が傷付かないウチナーンチュはいないだろう。辺野古新基地の是非や生前の翁長氏の好き嫌いを問わず、虐げられ、捨て石となった沖縄の歴史を歩んできた県民の琴線《きんせん》に触れる。

父・助静《じょせい》氏がかなわなかった那覇市長を目標としてきた翁長氏が、市長時代に特に晴れやかな表情を見せていた行事に那覇大綱挽《つなひき》があった。古式ゆかしい「ムムヌチハンター（股引半套）」をまとい、大綱の中心に立っていた心中は、祖先から受け継ぐ伝統や価値観を保守する政治家としての矜持《きょうじ》に満ちていたのではなかったかと察する。


2013年1月には、米軍普天間飛行場へのオスプレイ配備撤回や同飛行場の県内移設断念を求める「建白書」を携え、東京都の銀座をデモ行進した際に、街宣車に「反日」「売国奴」と罵声を浴びせられる屈辱を味わっている。

国策への同調を迫り、それまでは異端に過ぎなかった極右団体の言動が幅をきかす風潮に、寛容さを失った日本の保守政治の変容を感じ取った。


翁長氏は辺野古埋め立て承認の撤回方針を決めた三役会議で、「私が撤回をしないと沖縄の政治は県民に見放されてしまう」と、自身の政治的な判断に理解を求めたという。政権と妥協なく対立する中で、どこまで事態打開の展望を持っていたか今となっては定かではない。

だが、中央政府と沖縄の利害が対立する時に、沖縄の政治家まで国益の側の理論に従順になり、沖縄の立場を軽んじるのであれば、固有の価値を守ろうともがいてきた政治は終わり、いずれ沖縄は外部の大波にのみ込まれていくしかない。

翁長氏にとって辺野古新基地建設阻止は劣化する本土政治への同化を拒み、沖縄の尊厳を保守するため譲れない政治闘争だった。

那覇大綱挽は1971年に、戦争で那覇市を火の海にした「10・10空襲」の日に、革新市長の平良良松市政の下で平和を祈念する行事として復活した。

東と西に分かれた2本の大綱を固く結び付けるカヌチ棒に、翁長氏が目指した沖縄県知事の理想像を重ねる。

琉球新報社編集局・政治部キャップ　**与那嶺　松一郎**

## ◆――あとがき

那覇市の目抜き通りである国際通りの東端から3、4分歩くと、栄町《さかえまち》市場に着く。那覇市への合併前の旧真和志村《まわしそん》（市）域にあり、狭い路地に精肉、鮮魚店、総菜屋、居酒屋などがひしめく庶民の街だ。栄町をこよなく愛し、折に触れ、顔を出したのが翁長雄志氏だった。旧真和志村生まれで、村（市）長を務めた父・助静《じょせい》さんや兄の助裕《すけひろ》さんら政治家一家の厳しい家計を支えるため、母・和子さんが栄町でかまぼこなどを売る店を構えていた。沖縄の年中行事に欠かせないかまぼこ作りを手伝ったこともある翁長氏は、小・中学生のころ、栄町で過ごす時間が長かった。

那覇市長、県知事になっても、ほぼ毎年、2月にある市場の新年会に顔を出しては、「那覇市歌」の歌詞を、大好きな石原裕次郎のメロディーに乗せて披露し、女性店主らでつくる「おばぁラッパーズ」と一緒に舞台に上って踊り、拍手喝采を浴びた。

「身を捨ててこそ、浮かぶ瀬あれ」を座右の銘とし、ウチナーンチュの尊厳を守ることに最も大事な価値を置いた翁長氏は2018年8月8日、逝った。夕方に翁長知事の病状悪化と、県が職務代理者を据えることを伝える号外2万部が発行され、夜になって「翁長知事、死去」の号外5千部が出た。

1日に二度の号外発行はもうないのではないか。

琉球新報は二つの号外を栄町で配った。翁長氏が「ホームグラウンド」と言ってはばからなかった街に届けないといけない、という思いからだった。しかしこの号外は配っていてつらい紙面だった。

最初の号外を手にした店主らに呼び止められ、「意識混濁ってどんな状況」「翁長さん、大丈夫ね。危ないの」「2月の新年会ではあんなに元気だったのに」と矢継ぎ早に聞かれた。病状を案じる人が多く、配るのに時間がかかった。夜の「翁長知事、死去」の号外を配った先は、赤提灯がともる飲食店や総菜屋が中心だった。手にした号外で死去を知った年配の店主や客も多く、肉親を失ったような深い悲しみを浮かべる人が大半だった。どれだけ翁長氏がこの街で愛されているかを肌で感じた。

店じまいした後、残っていた乾物屋の女性店主は、「夕方の号外で胸騒ぎしていた。埋め立て承認撤回の記者会見（7月27日）は力強くて、励まされたのに……」と言ったきり、絶句した。数分後に店の前を通ると、その店主が商品陳列台に置いた死去を報じる号外に向かって手を合わせ、肩を震わせていた。その姿を目にした途端、私の涙腺も一気に緩んだ。

告別式の2日後、翁長氏が裕次郎のカラオケを楽しんだ栄町のカフェバーで、宮里千里《せんり》さんに会った。那覇市長に初当選した翁長氏に市長公室長に任命されて以来、同い年の翁長氏を支え続けてきた宮里さんの父・栄輝氏は翁長助静氏の政敵だった。米軍統治下の立法院議員選挙などで、保革を率いた父親同士が「真和志の南北戦争」といわれる熾烈な闘いを繰り広げた。深い因縁を超えて心を通わせた翁長氏と宮里さんは栄町で杯を重ね、沖縄のあるべき姿、近未来を語り合ってきた。

宮里さんは「翁長雄志は保守に軸足を置きながら、原点である栄町で市民の暮らしぶりを肌で感じ、イデオロギーを超える新しい沖縄の政治家像を描いた。自らが何をなすべきかを考える礎にしていたように思う」と、しみじみと語った。

翁長氏の真和志中学の2期先輩で、栄町で長く総菜店「かのう屋」を営む嘉納毅さんは、「翁長さんは、不退転の決意で沖縄の不条理を断つ道しるべを示した歴史に残る政治家だ。栄町が生み出した人でもある。その遺志を継ぐ政治家が出てきてほしい。あなた方(琉球新報)もヤマトから攻撃されているが、翁長さんに負けずにいい紙面を作ってほしい」と励ましてくれた。

戦後73年たってなお、沖縄県民が示す民意を無視し続け、狭量と独善が覆う安倍政権の強権に抗い、翁長氏は辺野古新基地阻止に身を捨てる覚悟で挑んだ。それは沖縄のことは沖縄が決めるという「自己決定権」を軸足に据え、ウチナーンチュの尊厳を守るための闘いだった。本書に収めた翁長氏の発した研ぎ澄まされた言葉は深い歴史観に根差し、沖縄が「誇りある豊かさ」を獲得するための言霊である。また、この国の民主主義の成熟度を全国民に問いかける気迫もみなぎっている。

望んで置かれたわけではない米軍基地への向き合い方をめぐり、ウチナーンチュ同士が対立する歴史を断ち切り、県民の心を一つに結ぼうとした「魂の政治家」の勇姿は、多くの人の心に生き続けるだろう。この書を翁長氏を支えた樹子《みきこ》夫人、ご遺族に捧げたい。

緊急出版の労をいとわず、作業を進めてくれた高文研の山本邦彦さんに感謝したい。

琉球新報社・読者事業局特任局長　**松元　剛**

## 琉球新報社

1893 年 9 月 15 日に沖縄初の新聞として創刊。1940 年、政府による戦時新聞統合で沖縄朝日新聞、沖縄日報と統合し「沖縄新報」設立。戦後、米軍統治下での「ウルマ新報」「うるま新報」を経て、1951 年のサンフランシスコ講和条約締結を機に題字を「琉球新報」に復題。現在に至る。

各種のスクープ、キャンペーン報道で、4 度の日本新聞協会賞のほか、日本ジャーナリスト会議（ＪＣＪ）賞、石橋湛山記念早稲田ジャーナリズム大賞、平和・協同ジャーナリスト基金賞、新聞労連ジャーナリズム大賞、日本農業ジャーナリスト賞など、多数の受賞記事を生んでいる。


魂の政治家
翁長雄志発言録

●二〇一八年九月三〇日――――第一刷発行

編著者／琉球新報社

発行所／株式会社 高文研
東京都千代田区神田猿楽町二―一―八
三恵ビル（〒一〇一＝〇〇六四）
電話 03＝3295＝3415
振替 00160＝6＝18956
http://www.koubunken.co.jp

印刷・製本／精文堂印刷株式会社

★万一、乱丁・落丁があったときは、送料当方負担でお取り替えいたします。

ISBN978-4-87498-660-8 C0036